“典型促转型”系列丛书

谁是下一个“独角兽”

——浙江小微企业成长之星

“典型促转型”丛书编辑部　主编

中国市场出版社
China Market Press
·北京·

前言

在改革开放40周年、“八八战略”实施15周年的重要历史时刻，在全省上下深入学习贯彻习近平总书记对浙江工作做出“干在实处永无止境，走在前列要谋新篇，勇立潮头方显担当”重要指示精神的特殊日子里，由省小微企业三年成长计划工作领导小组办公室组织编纂的“典型促转型”系列丛书《谁是下一个“独角兽”——浙江小微企业成长之星》即将出版了。这是我省小微企业转型升级最新的生动实践和经验升华，无疑具有强大的示范性和引领力。

小微企业是浙江的特色和优势，更是浙江经济发展的基础和未来。

小微兴，浙江兴，小微强，浙江强。2015年以来，全省各地各有关部门以“八八战略”为统领，认真贯彻落实省委省政府的决策部署，全力推进浙江省小微企业三年成长计划取得重大成果。三年来，浙江小微企业“生得出、长得顺、活得好”的内生机制初步形成，小微企业主体升级步伐加快，增长动力加速转换，一大批“小而精”“小而新”“小而专”“小而特”“小而美”的小微企业崭露头角。据统计，2015—2017年，全省共引导完成“个转企”6.46万家，其中公司制企业5.76万家；累计完成“小升规”（含“限下”升“限上”）2.4万家，新增新三板挂牌企业963家，新增上市公司194家，全省共有上市公司415家，其中中小板138家，创业板80家。

这是经济发展进入新常态的历史背景下，我省再创经济新优势的转型升级之路，也是小微企业由“低、散、弱”迈向“高、精、优”的成长蝶变之路。基于此，2017年第一轮三年计划完成之时，省第十四次党代会即刻做出了“滚动实施全省小微企业三年成长计划”的重大决策部署，2018年省政府工作报告又明确提出“推进小微企业质效提升专项行动”，4月省政府办公厅印发《浙江省“小微企业三年成长计划”（2018—2021年）》（浙政办发〔2018〕34号）。根据省委、省政府的部署安排，到2020年，浙江全省将新增小微企业50万家，全省小微企业数量增长年均达10%左右，其中，信息经济、节能环保、健康、旅游、时尚、金融、高端装备制造和文创等八大重点产业小微企业25万家，信息经济、金融等小微企业增速不低于15%，同时鼓励优势企业特别是上市公司加大兼并重组力度，形成一批行业龙头企业和“隐形冠军”。目标高远，更加催人奋进，任务艰巨，更显责任担当！

《谁是下一个“独角兽”——浙江小微企业成长之星》一书，收录了小微企业成长蝶变的炫丽时光，它们中，有的是智能化、国际化领域的“急先锋”，有的是科技创新、品牌创建进程中的新标杆，有的是进军数字经济、节能环保等新兴产业的生力军。假以时日，谁能说今日的“小微成长之星”不会成长为明日的独角兽公司呢？这正是我省实施小微企业成长计划的目的和意义所在。因此，由衷地希望这40多个样本企业的成长之路，能给全省广大小微企业和从事扶持小微企业的工作者带来可学可鉴的启迪，以成长典型为引领，紧紧围绕“自主创新、转型升级”这一战略核心，干在实处，久久为功，一抓到底，奋进新时代，交出新答卷，为加快推进“两个高水平”建设、在新时代中国特色社会主义建设中继续走在前列做出更大的贡献！

目录

一、“小而新” 关键词：人工智能

二、“小而精” 关键词：工匠精神

三、“小而美” 关键词：节能环保

四、“小而洋” 关键词：国际视野

五、“小而强” 关键词：行业标杆

一

『小而新』

☑关键词 人工智能

人工智能：“I have been in!”

时至今日，不管你是担忧还是欢呼，不管你有没有准备好，人工智能都已渗透到我们的日常生活中了。无人超市、双十一智能配送、手机Siri…… “I will back!（我将回来）”科幻片《终结者》那句意味深长的著名台词最终变成了 “I have been in!（我已在）”。

2017年，“人工智能”首次被写入政府工作报告，国务院发布了《新一代人工智能发展规划》。如今，人工智能就如快递小哥一样，频频出没在我们的视野之中。浙江一些小微企业借助智能化的时代机遇，书写着弯道超车的传奇。

浙江优傲智能科技有限公司以服务永康的五金行业为目标，着眼于未来工业自动化的新型机器人系统集成供应。企业创始人胡学文认为，“在永康这片土地上，新一代信息技术与制造业深度融合将是主旋律。优傲能在这其中做很多事情”。

站在机器人经济井喷式发展的风口上，宁波宏志机器人有限公司志存高远，迎风而上，不改做中国工业智能化机器人行业领军企业的初衷，成就了行业典范……

不浮躁、不缺席、不冒进、求务实。这就是浙江小微企业对于人工智能的科学态度。

浙商研究会执行会长杨轶清认为，如今的中国经济正处于引擎迭代、动能转换的关键时期。而要加快发展新经济，毫无疑问需要输送更多新血液、引入更多新技术、激发强劲新动能。加快建设创新型国家，加快发展先进制造业，推动互联网、大数据、人工智能和实体经济深度融合，成为时下中国经济发展的重要方向。

面对浙江企业智能化的浪潮，霍金曾在杭州视频演讲道：“这是一个美丽但充满不确定的世界，而你们是先行者。”

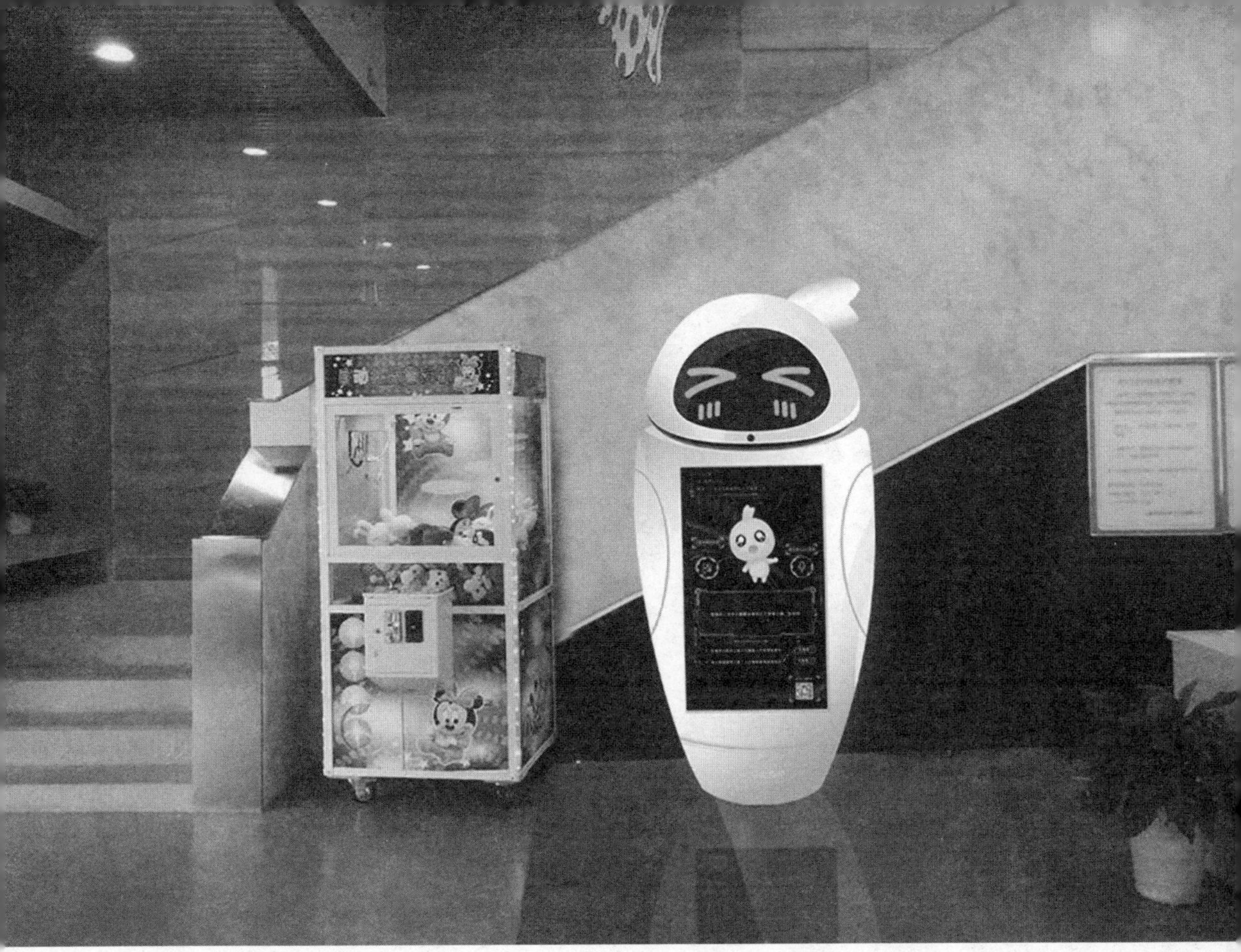

鸟瞰智能：
人工智能领域闯出的行业黑马

记者 安宇　实习生 王尹希 / 文

创业
悟语

我们力求在IT行业里，懂用户，懂感知；在互联网领域里，懂产品，懂技术。企业的立身之本在于产品，我们能给产品提升什么，能为这个世界留下什么，是企业的责任所在。

——杭州鸟瞰智能科技股份有限公司CMO　王佳宁

样本意义

“科技是第一生产力”。这在鸟瞰智能身上得到了淋漓尽致的体现。不断地学习专研、不断地转型蜕变，以其强大而持续的产品创新能力与人工智能技术研发团队，在人工智能行业闯出一片天地。

在聚集海内外高层次人才的创新创业高地——杭州海创园的大楼里，有大大小小的企业数十家。其中就有人工智能领域的一只潜力股——杭州鸟瞰智能科技股份有限公司。

成立于2009年的鸟瞰智能，是一家以人工智能为核心，致力于让智能机器人来解放人类的脑力和体力，提高数字营销效率的公司。它伴随着“大众创业，万众创新”的步伐而生，实现从大数据到人工智能的转型，2016年8月正式挂牌新三板，走上资本之路。

近十载的历练过后，鸟瞰智能无疑成了行业中的黑马。

转型是不断叠加的过程

“在大数据时代的背景下，随着移动互联网资本涌入，一个企业若要谋求发展，就必须在每一时刻把握机遇，顺应时代发展。" 杭州鸟瞰智能科技股份有限公司CMO王佳宁说。

从2009年公司成立至今，鸟瞰智能已成为当之无愧的"中国第一代商用虚拟机器人开发供应商"。在激烈的市场竞争中脱颖而出，他们走出了一条"加速转型"之路。

伴随着互联网和广告业的飞速发展新兴起，鸟瞰智能将眼光投向互联网行业，于2014年年底开始了第一次转型——利用大数据的处理能力对接DSP（需求方平台），帮助互联网企业进行精准营销。

然而精准营销始终缺少一个实物载体，鸟瞰智能的团队深知，必须拥有自己的核心技术，并以平台模式呈现，在垂直领域提供解决方案，才能够占领市场。于是，他们自主研发了小鸟推送（Birdpush）一站式智能营销平台，并于2015年正式上线，实现从大数据到人工智能的成功转型。

对于鸟瞰智能来说，从大数据转战人工智能，是一个水到渠成的过程。王佳宁告诉记者，如今鸟瞰智能已拥有了强大而持续的产品创新能力和人工智能技术研发团队。通过对需求市场的深入研究，至今已陆续研发了VRobot虚拟机器人平台、Birdpush一站式智能营销平台、目前已超过300万用户的小鸟DoDo APP——人工智能新消费推荐虚拟机器人Do Robot、VR大屏场景虚拟机器人等多个人工智能类的平台及产品。

"我们的核心技术如3D虚拟机器人交互引擎、意图识别模型、NLP、机器学习等都是行业领先的。Birdpush平台中的私有DMP模块、创意智能生成模块、场景化推荐引擎、自然语言处理模块及对接API接口模块，已经实现了让机器找机会、做设计，以及进行个性化推荐、做投放，解放了人类的脑力和体力。"

2016年年初，鸟瞰智能突破行业限制，将触角延伸至政务、通信及新零售领域。在基于机器人长久记忆系统、DNN模型的对话场景建模系统，以及MLP的情感引导模型的基础上，技术团队进行深度应用研发，创新研发出机器人意图识别引擎，最终在电子政务、智能园区、商业综合体、银行营业厅等多个领域入驻，并朝着构建“智能+城市+消费+营销”的未来智能城市消费生态圈方向迈进。

“企业的每一次转型，都是基于我们在现有能力上的转型。这是一个不断叠加、蜕变的过程。”王佳宁总结说。

人工智能与银行业的碰撞

有人说，人机协同的时代已然到来。未来不是人与机器的战争，而是拥有机器的人和没有机器的人之间的战争。

互联网金融日渐蓬勃，银行业务离柜率已经升至80%以上，人们办理银行业务，可能越来越不需要到现实的银行网点去。那么未来的银行会是什么样子？王佳宁告诉记者，网上银行会更加便捷，未来的银行会更加重视顾客的体验。“随着人工智能的快速发展，机器人银行会是未来银行最科技的样子。”

然而在科技金融的冲击下，一些小型商业银行难以获得稳定的客户群，且在运营效率、金融产品销售、追踪用户数据等方面存在欠缺，无法形成从线下到线上的闭环。

如今的鸟瞰智能已将人工智能技术赋能金融，将银行现有的IP升级为具有一定智慧的虚拟机器人，或者直接为没有机器人的银行量身定制3D智慧虚拟机器人，为银行提供虚拟机器人综合解决方案。

这些虚拟机器人可以在与用户对话聊天的过程中，准确识别用户意图，并根据用户需求进行预测，还可以主动进行金融产品的展示推荐，甚至还聚合了海量优惠券和福利资源，通过邀请用户玩游戏，引发互动传播，实现用户高价值黏度的提升。同时，虚拟机器人本身的自然语言的交互能力，可以打通IOT，成为各类场景的入口，成为银行的智慧大IP。作为一种新型的银行运营体制，打通用户数据，在充当"超级售前"的同时，提升银行的整体运营效率。

AI之所以拥有超能力，是因为在独特的3D形象背后，都有一个"超级大脑"作为支撑。这个超级大脑囊括了2.8亿金融人群DMP库、200+用户行为标签库、金融产品库、产品标签库等。并可根据实情自动进行动态知识图谱的升级，以人工智能算法为纽带，构建个性化推荐系统，以规则库、推荐模型库、算法库等为其核心，实现多轮推荐，可广泛应用于多种场景。除此以外，鸟瞰智能还自主研发了融合NLP、机器学习和图挖掘能力的知识计算引擎，并积累了一批适用于金融场景的隐性知识计算规则和模型，在实际应用中，依赖数据爬取、多源异构数据治理、分布式数据存储等技术，同时也依赖强大的外部数据资源协作能力和内部推动能力，构建了目前为止世界上最大的银行业务领域的知识图谱，从而有效提升了用户意图识别率，高达95%以上。

据悉，鸟瞰智能智能机器人系统，包括3D虚拟机器人引擎、语音语义集成识别引擎、大屏展示终端、情绪引导对话引擎，以及专业场景智能管理平台等。目前虚拟机器人定制或升级案例，已有工银融e行吉祥物"萌萌哒小象”、咪咕灵犀神算子“灵犀”、南京银行智能客服“小鑫鑫”、浙商银行RedO、聪明钱智能首席理财师“小元宝”，等等。

“利用2B2C策略，帮助银行提升智慧运营的效率，是我们的初衷。”王佳宁说。

人人都是“T”字型人才

难以想象，鸟瞰智能打赢这场机器人的战争，靠的是一批平均年龄仅有25岁的年轻人。或许他们正是凭借着丰富的想象力和扎实的创造力，才能发挥出天生优势，闯出一番天地。

与众多大企业看重的传统“I”型人才不同，年轻的鸟瞰智能更推崇“T”字型人才。“我们团队中的每一个人都需要懂产品、懂市场、懂运营、懂技术，以及懂商务，样样精通。当然，在此基础上也要拥有一片最专业最成熟的领域，并且在这个领域继续精通钻研下去。”

在总结人才培养理念和管理团队经验时，王佳宁感叹：除了学习，别无他法。企业要稳步提升，培养精兵强将才能更好地实现转型升级。这群年轻人通过碎片化的学习，使团队横向领域沟通的障碍被消除，扁平化的专业信息交流也变得更通畅。“我们力求一个小而美、小而精的企业模式，我们互相学习共同进步，形成团队强大的凝聚力和执行力，也是鸟瞰智能成长的后续动力。”

记者了解到，目前杭州鸟瞰智能科技股份有限公司已获得华瓯创投及浙大网新的A轮投资。据2017年年报显示，公司净利润1194.38万元，同比增长112.95%，顺利夺得新三板人工智能第一股。

肩负浙江省2016年第一批获得高新技术企业资格、2017年浙江省小微企业成长之星赋予的企业使命，鸟瞰智能的下一步计划是实现品牌落地。“我们正在探讨如何将市场需求和运营商需求转化成产品，以真正为客户提升运营效率。对于企业来说，要在市场洪流中避免被淘汰并力求脱颖而出，让人提到虚拟机器人就想到鸟瞰智能，是我们努力的方向。”王佳宁说。

优傲科技：
“智能制造”助推器

记者 何颖 通讯员 姚恩育/文

创业悟语

立足永康，服务浙中是我们的目标。永康完备的产业基础及完善的产业链，给予了我们生存与发展的契机，也是我们壮大和强盛的基础。未来，我们还将继续以“智造”的力量，为永康的制造企业赋能。

——浙江优傲智能科技有限公司创始人 胡学文

样本意义

这是一家目标高远、行动踏实的小微企业。以服务永康的五金行业为目标，以提升永康制造为己任，着眼于未来工业自动化的新型机器人系统集成供应。同时又准确地把握住了时代发展脉搏——“永康这片土地上，新一代信息技术与制造业深度融合将是主旋律。优傲能在这其中做很多事情。”

永康，是中国乃至世界都闻名遐迩的五金之都。每天都有成千上万的防盗门、保温杯、电动工具等五金产品从永康销往全世界。

近年来，由“机器换人”带来的“工业变革”引发了一次次的智能化改造热潮，越来越多的从业者加入“变革”大军，智能化生产设备带来的“技术红利”持续发酵，设备制造企业也成了 “红人”。

浙江优傲智能科技有限公司就是这样一家“网红”企业。

这家企业从事的行当听起来十分“高大上”，是一家着眼于未来工业自动化的新型机器人系统集成供应商，然而其干的活儿却很“接地气”，服务于千万制造企业升级。用创始人胡学文的话来说，“优傲是一家工业服务企业”。

深度参与永康转型升级的浪潮

“优傲就是为了服务永康的五金行业而生的。”胡学文以此作为介绍优傲的开端。

在创立优傲之前，胡学文已经在五金行业打拼多年，因此，对于朝夕相伴的企业家们的困惑，胡学文知之甚深。“那些已经延续了几十年的传统作坊式的工作方式，已经跟不上时代的发展。制造企业进行自动化改造是大势所趋。”然而对于大部分制造企业特别是中小企业而言，如何进行改造才是真正的关键。

“很多小企业原先的自动化、信息化基础非常薄弱，一些已经具备规模化基础的大企业适用的方法和经验，并不能够照搬到小企业上去。优傲想做的事情就是帮助它们。”胡学文表示。

优傲最早选择的行业切入口之一，是五金行业的抛光和打磨环节，尤其是当地的保温杯企业，过去这两个环节耗费人工，又因为难以标准化，成为保温杯企业决定产品质量的分水岭之一。而优傲的介入，使得企业有了不同的选择。“我们的机器人抛光打磨集成应用，能够稳定和提高打磨质量和产品光洁度，保证其一致性，一天24小时连续生产作业，大大提高了生产效率，也可以改善工人的劳动条件。这样的解决方案推出后，受到了企业家们的欢迎。‘机器换人’不再只是大企业的选择，中小企业也可以拥有高性价比的方案可供选择。”

在这一领域初试身手之后，胡学文大受鼓舞。他决定向永康的其他传统产业进发。“在可以预见的很长一段时间内，永康这片土地上，新一代信息技术与制造业深度融合都将是主旋律。优傲能在这其中做很多事情。”

的确如其所料，优傲的产品及服务大受中小企业欢迎。以其被热捧的产品焊接机器人为例，一组焊接工作站可以替代5名人工，且大大提高了焊接的质量，为企业节省了成本，提高了生产效率。

除了看得到的先进技术外，在大数据领域，优傲公司也已经先行一步。

“通过手机、电脑就能实时查看车间的生产情况。”胡学文说，生产过程中的数据，通过设备发送到“云端”后，将对生产线运行过程中的数据和产品数据均进行收集和分析，从而不断改进生产工艺，生产出符合客户需求的产品。

为“一企一方”定制解决方案

三年多的发展时间，令优傲成为在多个产业都能为制造企业服务的“多面手”，目前公司业务已经初成体系，主营自动化设备及自动化系统、工业机器人及周边设备集成系统、机器人控制软件、智能控制系统及远程控制系统软件的研发、设计、技术咨询、制造、销售等。与此同时，由于深耕永康市场，优傲已经成为不少国际机器人企业关注的目标，“现在，意大利COMAU、德国KUKA、日本OTC、日本安川、丹麦UR等国际机器人制造商都是优傲的战略合作伙伴”。针对不同服务对象的具体情况，优傲在经过前期深度调研和数据、工艺采集后，再量体裁衣，形成“一企一方”的解决方案。

2016年，优傲试水新能源汽车行业，在与江苏威龙新能源汽车有限公司的合作中，其参与设计改造的自动化生产线建设相继成功投产，奠定了公司机器人系统综合应用技术在业界的领先水平，大大提升公司内部的技术积累。“这个项目我们介入时间足有一年。在此之前，我们并没有相关行业的经验和基础。但汽车行业的特殊性及其在技术、工艺上的制高点意义，使我们下决定一定要啃下这块‘骨头’。”一年之后的成果可谓皆大欢喜。

2017年，优傲的创新仍在不断前进，这一年，公司成功推出机器人喷涂在五金行业的创新应用。通过公司自主开发的YouAo机器人喷涂软件在机器人喷涂系统里的植入，使机器人喷涂更加智能化，攻破水性涂料供给及控制技术，解决了环保水性涂料在机器人喷涂应用中的难点。

2018年，优傲又获得金华市优傲机器人自动化研发中心资格，并与有关机器人工程应用研究院进行紧密合作，共获得4项发明、25项实用专利、1项软件著作权的申报。

目前，优傲已经形成了相对完备的“智造”产业链，其下设机器人事业部、机器人应用系统业务部、机器人售后服务部和机器人操作培训部。其中，机器人事业部主要是为客户提供优质的、高性价比的机器人、机器人备件和工业自动化元件；机器人应用系统业务部及售后服务部主要是为客户提供完整的工业机器人应用解决方案、安装调试、技术支持、售后跟踪，以及帮助客户提前计划和做好预算等多项服务；机器人操作培训部是专门为机器人应用企业和社会培养初级、中级和高级工业机器人操作工，持续不断地为企业输送高端人力资源。

“立足永康，服务浙中是我们的目标。永康完备的产业基础及完善的产业链，给予了我们生存与发展的契机，也是我们壮大和强盛的基础。未来，我们还将继续以‘智造’的力量，为永康的制造企业赋能。”胡学文表示。

宏志机器人：
用“变形金刚”装备“浙江制造”

记者 柴丹 文/摄

创业悟语

追求“以科技为先导、以创新求发展、以质量求生存、以诚信待客户”的企业精神，实行“人才为本、科技领先、用户至上”的经营理念。

——宁波宏志机器人科技有限公司董事长 钱志鸿

样本意义

站在机器人经济井喷式发展的风口上，宁波宏志机器人有限公司志存高远，迎风而上，不改做中国工业智能化机器人行业领军企业的初衷。潜心于科研创新、经营管理创新、人才培养创新，树立了品牌口碑，成就了行业典范。

近年来，工业智能化机器人产业发展得如火如荼，而位于宁波慈溪市新兴产业集群区内的宁波宏志机器人科技有限公司就是一家具有核心竞争力和行业影响力的样本企业。

时势造英雄
高起点步入机器人制造行列

这几年，随着“刘易斯拐点”临近和人口红利减弱，“机器换人”热浪一浪高过一浪，机器人制造迎来生机勃勃的“大时代”。

宁波市一些民营企业凌波踏浪，有效对接资本与知本，在机器人制造领域大显身手。宁波宏志机器人科技有限公司无疑是其中的佼佼者。 2011年3月公司成立后，一举收购了具有日资背景的某科技有限公司，同时引进由50多人组成，经验丰富的日本松下技术团队，高起点步入机器人制造行列。

公司董事长钱志鸿踌躇满志地告诉记者：“宏志机器人以振兴民族装备工业为己任，引智攻坚，已初露锋芒。”

据介绍，宏志机器人通过与日本松下焊接系统株式会社、日本那智不二越株式会社等企业合作，建立了机器人技术应用中心，已成功研发、制造出机器人焊接系统、工厂自动化物流线设备，并与北京现代、天津一汽丰田、上海大众、韩国起亚等汽车制造商建立了紧密型供销关系。钱志鸿表示，企业进入宁波市新兴产业集聚区后，开发适合长三角产业特色的机器人，力争在激光切割、打磨、搬运及量身定做个性化机器人应用系统等方面给工业企业带来福音。

凭借从日本引进的优秀技术团队，经过百折不挠的克坚攻难，宏志机器人厚积薄发，自主研发的八字型双工位机器人焊接系统工作站被广泛应用于汽车零部件行业，成为北京现代、天津一汽丰田、上海大众、韩国起亚等汽车制造企业的专用机器人供应商，机器人销量持续攀升。

2013年，钱志鸿投资1.1亿元，建成了27000余平方米的工厂。钱志鸿告诉导报记者说：“企业从一开始的踟蹰不前到如今走上正轨，既是公司上下全体员工的努力，也离不开政府相关政策的支持引导。”2013年，工业和信息化部发布了《信息化和工业化深度融合专项行动计划》（2013—2018年），提出智能制造生产模式培育行动，重点加快实现工业机器人等先进制造发展工业机器人产业，加快当地产业集群的形成和完善产业链构建。2016年，推动“智造”升级的同时，慈溪大力扶持机器人产业，将部分机器人企业列入重大新兴产业项目，前3年全额退税，后3年半额退税，对采购机器人设备的企业给予采购额5%至6%的补贴。在慈溪市高新技术产业开发区，宏志机器人等领头企业加紧建设产、学、研、用、资数据库，既有整机又有核心零部件的工业机器人产业链初具规模。

公司董事长钱志鸿介绍，公司立足自主创新，形成了以独有技术、核心零部件、领先产品及行业系统解决方案为一体的完整产业链，是国内机器人行业的新兴潜力型企业。公司以开拓创新、合作共赢为经营理念，以提供客户满意、放心使用的行业一流产品为目标，致力于成为数字化高端装备制造的高新技术企业，在推动产业转型升级中发挥关键作用。

明确三大发展重点
做好“中国智造”的基石

近年来，宁波慈溪市场监管局以“当好店小二”的精神，积极开展小微企业三年成长计划，落实深化商事登记制度改革，通过构建“政银险”信用贷款模式、加强事中事后监管、搭建企业家培训平台、实施商标品牌战略等方式，大力扶持企业发展，营造宽松便捷准入环境、健康有序的经营环境和安全放心的消费环境。

良好的创业创新环境让宏志机器人有了更大的产业抱负。钱志鸿认为：“随着信息化、工业化不断融合，中国经济也正在由‘中国制造’向‘中国智造’战略转型。智能制造是制造技术的主要发展方向，机器人是智能制造的主要技术支撑，投入使用智能机器人，是众多企业降低生产成本、缩短制造周期、提升质量管控的必经之路。”现在他们更多地致力于开发自主品牌的工业机器人，以科技推动产业发展、品牌提高生活品质为使命，打造具有国际影响力和竞争力的高技术公司。

为了达成这一目标，宏志机器人重视技术创新工作，目前已形成一支30余人的专业技术团队，由日籍行业资深专家担任技术带头人，本科以上学历的员工占50%左右，包括机械设计、电气设计、软件设计等方面的技术人才，在机器人生产线系统集成规划及设计、关键技术研发方面具有丰富的经验。

在自主研发的基础上，公司积极探索产学研发展之路，与日本松下焊接系统株式会社、日本那智不二越株式会社等国际机器人知名品牌企业进行技术合作；与同济大学机械与能源工程学院等建立了长期的技术和人才战略合作联盟。凭借着强大的技术研发实力，公司在机器人自动化装备技术领域取得了众多的成果，产品技术及性能指标达到国内领先水平，已取得2项发明专利、9项实用新型专利、5项软件著作权证，另有1项发明专利进入实审阶段。

目前，公司组建了两大生产车间，拥有研发检测及生产设备50余台（套），已形成一个分工明确、配合紧密的产业化基地，可以按客户要求量身定做个性化的焊接机器人生产线、智能化生产线系统，以及多用途智能化工业机器人。

钱志鸿告诉记者，宏志机器人在未来的3~5年，有明确的规划和定位。要以成为"工业机器人开发应用及集成中心"为目标，结合企业发展现状、工业机器人应用发展趋势，明确三大发展重点：一是焊接生产线系统——定位于汽车零配件企业，以改善焊接环境、减少焊接人力成本、提高焊接生产效率和焊接产品质量为目标；二是工业机器人自动化设备——定位于精密、复杂工件的制造工艺流程，可减少员工人数，提高生产效率，使产品质量及其均一性得到保障；三是工业机器人教学系统——定位于国内高校、职业学院及机器人专业培训机构，提高教学质量。

聚创电气：
温州低压电器的技创"擂台"

通讯员 叶琳/文

创业悟语

以科研创新为核心、企业平台为渠道，打通从研发到应用的产业链条。

——温州聚创电气科技有限公司董事长 吴桂初

样本意义

借助高校的科研力量，依托省级科技创新服务平台，实现技术成果的产业化。在温州小微企业蓬勃发展的浪潮中，“温州低压电器技术创新服务平台+聚创电气”这种科研与企业“一体两翼、协同并进”的模式，为来自高校、科研院所等事业单位的专业技术人员在职创业、离岗创业探索出了一条具有参考价值的新路。

多年来，浙江省政府积极部署实施创新驱动发展战略，批准成立了一大批省级科技创新服务平台，有效整合了高等学校、科研院所、骨干企业的优势资源。这些平台面向产业与区域发展的重大需求，开展技术创新与服务，不仅盘活了高校科研力量，更为高校科研人员提供了一个融入地方经济、了解产业需求、站上创业风口的机会。

从理论到产品，技术成果的推广应用离不开企业。在“大众创业、万众创新”的洪流中，以创办小微企业的方式，打造科创服务平台的科技成果转化基地，将技术成果在更大程度上推向市场，更广泛地服务于社会，就成了自然而然的选择。温州聚创电气科技有限公司就是这种选择的产物。

科技创新平台创办小微企业转化研究成果

2009年，经省科技厅批准，温州大学集中校内的科研骨干，成立了温州低压电器技术创新服务平台。历年来，平台已取得塑壳断路器智能电子式控制器、塑壳断路器自动化检测流水线等一大批拥有自主产权的科技成果。

2012年5月，在温州市科技局的推动下，吴桂初教授领衔的温州聚创电气科技有限公司成立，并入驻温州市国家大学科技园孵化器，"温州低压电器技术创新服务平台+聚创电气"一体两翼发展的模式初见雏形。

聚创电气专业从事电气技术研究、产品开发和生产，主要产品包括低压电器智能控制器、智能电源、低压电器自动化检测设备等。不同于某些缺乏经验的初创公司，聚创电气主要研发人员同时也是温州低压电器技术创新服务平台的核心成员，这使得他们在智能电器、智能电源、新能源及节能技术、先进制造检测装备等领域的产品研发方面享有得天独厚的技术优势，同时也对低压电器产品市场与推广具有深刻的了解与清晰的规划。

2015年，中国政府先后提出了"一带一路"、"互联网+"、"大众创业、万众创新"和"中国制造2025"等国家战略概念和政策。聚创电气紧紧围绕"互联网+"和"中国制造2025"，制定发展规划，围绕两个方向研制产品：一是重点研发和生产智能电器元件、智能配电系统，实现传统产品的智能化升级；二是致力于低压电器的自动化检测设备、自动化装配设备、智能化车间控制系统的智能装备研发和制造生产，提高产品生产过程的"机器换人"水平，实现传统产业智能制造。

聚创电气通过浙江省科技大市场受让了塑壳断路器智能电子式控制器等

成果、专利，再组织技术人员对受让的技术进行二次开发和优化，改进了产品工艺，形成了符合市场所需的产品，该产品目前已经成为公司主要产品系列之一。

2016年，聚创电气与温州大学、浙江天正电气股份有限公司等单位联合申报了浙江省重大科技招标项目“机械电子智能化生产线开发及应用示范”，研发小型断路器智能化生产线的示范工程，该工程包括全自动化生产线、数字化监控系统和智能云服务平台，实现小型断路器装配和检测的自动化、数字化、信息化和智能化。该生产线的建立，大幅减少了生产线的工人数量，在相同产能情况下从70人减少到15人以下，机器换人率达到80%。同时该生产线显著提高了产品的一致性和可靠性，对提升产品质量起到了重要作用。

打通“产学研用”助力企业发展

企业谋求加强自身竞争力，高校试图把科研成果转化为实实在在的经济效益，双方的诉求一致，优势互补，具有广阔的合作前景。基于这样的认识，聚创电气作为浙江省低压电器产业技术创新战略联盟的成员单位，在不断的摸索与实践中，结合高校科研力量，打通“产、学、研、用”，不断提升产品的科技含量，被证明是推进产业升级、破解“低端锁定”的有效手段。

聚创电气入驻温州市国家大学科技园孵化器三年期间，产值年均增长率超过50%，2015年年底以优异成绩从孵化器“毕业”。2015年，获得浙江省科技型中小企业、温州市瓯海区企业技术研究开发中心等资质和称号，2016

年获得浙江省高成长科技型中小企业、国家高新技术企业等资质和称号，2017年当选浙江省小微企业成长之星，并获得新湖投资有限公司的投资入股。

聚创电气是典型的立足产业、技术创业、厚积薄发的成功案例。这里有政策的支持和产业的支撑，也有研发团队的汗水与专注。矢志不渝、摸索前行的过程中，有艰辛，更有收获。正如吴桂初教授所说："我们要感谢瓯海区政府和相关部门为我们营造了良好的环境。一花不是春，孤雁难成行。作为企业负责人，我们希望温州能够多一些聚创这样的例子，有竞争才有前进的动力；作为高校科研力量，我们希望多一批凝心聚力的高层次人才，一起将产业做强，真正实现地方经济的长足发展。"

锦辉指针：
小指针精雕琢，做领域“领头羊”

记者 柴丹 文/摄

创业悟语

我们坚持走自主研发、掌握核心技术的道路，遵循“以技术为基础，以质量为根本，以人才为核心”的原则，充分把握新科技技术的产业优势，致力于打造细分领域的专业企业。

——宁波锦辉指针有限公司董事长 孙仲辉

样本意义

我国古代就有"艺痴者技必良"的说法，在小微样本企业中，亦不乏秉持"术业有专攻"的榜样。一旦选定行业，就一门心思扎根下去，心无旁骛，在一个细分产品上不断积累优势，成为细分领域领头羊。

从成立之初的家庭式作坊，到发展成拥有独立研发、生产体系的高科技企业，宁波锦辉指针有限公司生产的锦辉牌指针已被用于上海通用、长安福特、本田、日产、马自达、现代、塔塔、Mahindra、铃木、上汽、北汽、广汽、一汽等品牌汽车上，且销售收入每年稳定增长。

精工细琢这一根小小的指针，锦辉指针做出了精美的大文章。

凭借一手技术扎进"创业潮"

1996年毕业后的孙仲辉，先进入一家工厂工作。并不满足于打工的他比平常人付出更多，当别人娱乐时，他一个人闷头钻研机械知识；当别人休息时，他啃起了经营管理的书籍。"打工的生涯并不是我内心真正想要的，我一直在等待一个合适的机会。"孙仲辉形容当时自己的心态。

1998年前后，踏着刚兴起的创业热潮，凭借平时积累起来的一手技术，孙仲辉筹措资金，创办了生产摩托车仪表指针的小型工厂，开始了创业之路。当时周围的亲戚朋友并不看好孙仲辉的事业，认为太冷门。“亲戚朋友都认为我原本的工作很安定，突然下海的决定太贸然草率，当时并不支持。”然而他认准了这条路，一鼓作气向前发展。因为孙仲辉能吃苦、信誉好、技术也过硬，所以企业发展得较快，不久便积累下第一桶金。

发展到2002年的时候，商业嗅觉敏锐的孙仲辉发现，市场上生产摩托车指针的企业越来越多，国内汽车仪表指针的生产商却寥寥无几，国内90%的汽车仪表指针依赖于国外进口。经过深思熟虑，孙仲辉决定调校公司经营方向，向汽车仪表指针进军。

2002年，孙仲辉创办宁波锦辉指针有限公司，成为了国内最早专注于汽车仪表指针设计、制造和加工的企业之一。经过15年的高速发展，锦辉指针目前拥有员工近百人，月生产能力400万枚指针。锦辉牌指针被用于轿车、巴士、卡车、摩托车、农用车、飞机、船舶及游艇和其他工业设备。锦辉指针成为目前国内知名的汽车仪表厂及世界500强企业（如伟世通、博世、康奈可、矢崎）的战略合作伙伴，产品出口到印度、印尼、泰国、日本、马来西亚、韩国、伊朗、俄罗斯、墨西哥等国家。“我们的产品占到国内市场将近45%的份额。”孙仲辉向市场导报记者自豪地介绍。

以自动化为导向助力发展

在理顺内部的经营管理后，孙仲辉又开始思考公司未来的发展方向。

他告诉记者，当时中国的自动化设备生产和使用企业，主要集中在沿海地区。为此，他多次南下珠三角，在当地的工厂学习考察，了解自动化的发展情况，并注意吸收相关人才。最后，他提出“以自动化为导向”，在产品开发上顺应时代的发展趋势。

孙仲辉透露，研发初期的投入巨大，公司当时是勉力支撑。但他没有放弃，因为他相信，自己的努力必将得到回报。“每个创业人都会遇到各种困难，这很正常，我们遇见过的困难数不胜数，坚守初心，坚定发展方向，什么样的逆境都能挺过来。”经过一段时间的沉寂，自动化布局完善，锦辉指针再次踏上了新征程。

据了解，锦辉指针先后引进先进的德国技术德玛格精密塑机和LS电动式精密注塑机配置机械手，实现注塑全自动化；同时自主研究发明指针自动烫印机和全自动指针装配机，生产逐步全自动化；并于2009年通过ISO/TS16949的质量管理体系认证，2011年通过ISO/14001环境管理体系认证；2011年成立了设计、研发中心，具有了自主研发能力；2013年实现了生产车间无尘化；2015年引入研发团队，专门研究指针自动化设备，获得了三项国家发明专利。在孙仲辉的努力和带领下，自动化终于在锦辉指针扎下了根，订单也纷至沓来。

“如今，我们每年在自动化上的投入占比一直保持在销售总额的15%～20%之间。”在孙仲辉看来，仪表指针产品，对精确度要求非常高，自动化生产出来的产品质量更高，也更稳定。“我们对产品的衡量无非是质量与成本，自动化有着提升质量、降低成本的优势。”他说，原来5个人的成本如今可以节约到1个人，商品产能也提高了30%～40%。“自动化设备生产是大势所趋，这一点是毋庸置疑的。目前国家提出的‘中国制造2025’规划更是为我们描绘了智能化工业的美好前景。”说到这里，孙仲辉眼里充满了期望，“其实，在浙江，我们小微企业发展的环境是非常好的，相信在国家政策和政府部门的支持下，小微企业的自动化很快将迎来大发展的春天。”

禾川科技：
工业自动化的“轻骑兵”

记者 何颖/文

创业悟语

借势借地借人才，才能实现高新高端高效。以人才为核心、经费为保障，最终推动了企业的创新发展。

——浙江禾川科技股份有限公司副总经理 张瑞祥

样本意义

科技创新就是拼实力、拼耐心，来不得半点取巧；但市场角逐可以“以智取胜”。禾川科技“双手互搏”，技术上以国际一线品牌为标杆，以亲民价格为市场卖点，果断楔入高端伺服市场，最终赢得市场。

中国是机器人消费的大国，但却不是机器人生产的大国。机器人生产的许多重要核心零部件，比如伺服系统、可编程逻辑控制器，都掌握在国外企业的手中。显然，依赖国外技术，严重制约着机器人产业的发展。于是，不少国内厂商竞相发力，意欲打响国产化攻坚战。位于龙游的浙江禾川科技股份有限公司便是其中之一。

触摸屏、变频器、伺服电机……在禾川科技的工业自动化生产线下，产出的都是服务于高端装备制造、节能环保、工业机器人、新能源等领域的产品。

弯道超车展示中国智慧

伴随着全球工业4.0热潮的掀起，面对劳动力成本持续上升、劳动力结构性短缺等新瓶颈，发展工业机器人已经成为制造业转型升级的一道必选题。当机器人时代渐行渐近，一场没有硝烟的机器人大战已悄然打响。然而有些尴尬的是，我国虽已成为全球最大的机器人消费市场，却不是机器人制造强国，一个突出表现即高端机器人仍然依赖于进口。

在龙游人王项彬看来，如果能自主研发出能替代进口品牌的核心机器人零件，这会是一个极大的市场。

大学毕业后，王项彬一直在深圳、中山从事工业自动化产品的研发、生产。2011年，他回到家乡龙游，创办了浙江禾川科技股份有限公司，继续自己喜爱的事业。

跟国内很多企业不同的是，禾川科技自成立之初就将自己的产品定位为中高端市场，禾川科技副总经理张瑞祥表示，虽然进入的门槛较高，但这个韬光养晦的过程是值得的，因为是以国际一线品牌为标杆，禾川科技希望做到进口品牌的功能和性能。

张瑞祥表示，前期的研发阶段可能会耗费很长的时间，但一旦从某些产业切入，在替代进口品牌上其实是有价格空间的，能够获得更多的毛利，也将会有更多的利润投入到研发中去，进而使制造业的整体环节提升，制造出更好的产品，从而形成产投的正向循环。

产品生产出来，如何让市场接受，并得以推广？禾川以定制化服务为切入点。在张瑞祥看来，通过提供贴心的外延服务以及行业的个性化定制应用，国产的品牌能够占据更多的优势。“因为国人当然会比较了解中国的市场，如果用心去做，就能够体会并挖掘出客户的需求，不仅仅是眼前的急需，更是将来的行业趋势。”

这一招果然见效。禾川科技凭借高性价比、高稳定性的核心优势，迅速建立了良好的市场口碑。

取得客户的逐步信任和依赖，最终赢得市场，这是禾川科技的生存法则。

科研技术是第一生产力

在张瑞祥看来，禾川科技快速成长的秘诀就在于持续不断地高投入研发。

集研发、生产、销售PLC(可编程逻辑控制器)、触摸屏、低压变频器、伺服系统等产品于一体的禾川科技，人才团队堪称庞大。“400多位在职员工中，研发人员达130人，超出职工总人数的30%。”张瑞祥表示，作为省内唯一一家具备生产PLC、伺服系统产品能力的企业，唯有依托集聚人才方能实现企业的创新发展。

2015年7月，禾川科技在深圳成立了研发中心。“深圳是创业创新的宝地，也是伺服系统高端人才、大型企业的集聚地。在那里设立研发中心，一来能解决‘留人’难题，二来更能与最尖端的科技、资源接轨。”

事实证明了禾川科技此举的明智。伺服系统是为工业机器人提供动力的核心部件，通过这支深圳的研发团队，公司克服了技术难关，其产品质量媲美三菱、西门子等国际品牌旗下产品，而价格仅为前者的4成左右。

借势借地借人才，才能实现高新高端高效。深知这一道理的禾川科技，2017年8月又在杭州再设研发中心，借助杭州在PLC产品生产方面拥有的产业基础，推进PLC产品的研发、创新。“以人才为核心、经费为保障，最终推动了企业的创新发展。”张瑞祥介绍，在禾川，每年的研发投入占据其年销售额的30%。

依托集聚的人才，企业目前已与海尔、富士康、万象集团等大型企业合作，陆续启动新能源汽车、风力发电、太阳能、医疗器械等诸多新领域中的高端项目，从而延伸产业链，提高竞争力。

争取伺服市场话语权

2013年，中国超越日本成为工业机器人的最大买家。察觉到工业机器人巨大的市场前景，禾川科技又将目光投向了伺服电机。

伺服系统作为工业机器人控制系统中的执行元件，是机器人三大核心零部件之一，可谓整个工业机器人的"心脏"。根据高工产研出具的《2017—2022年中国工业机器人报告》，到2020年，预计6轴以上工业机器人年产5万台，按此需求量计算，需要伺服系统达到每年30万套，若将其他类型机器人全部进行统计，则数目更加庞大。前景看起来很美，现实却令人担忧：根据有关统计，目前在中国工业机器人市场，85%的伺服电机是外资品牌，而本土企业大多数仍处于研制试验阶段，几乎没有工业化的工业机器人伺服电机。

依托强大的科研力量，禾川科技克服了技术难关，最终研发出了极具市场竞争力的伺服驱动系统。据介绍，驱动器、马达，以及编码器等整套设备都是自主研发制造，在成本及延续性上占绝对优势，而国内大部分同行只能生产某个部分，特别是缺失编码器技术。

此外，禾川科技还实现了行业内带液晶操作面板伺服驱动器的最小体积，增强特殊保护罩，抗干扰能力强。与此同时，凭借其在批量生产过程中简单构造的独特能力，具备大批量生产优势。

"禾川科技的伺服电机定位中高端市场，替换进口品牌，与国外厂商相比，在速度响应、精度、稳定性上，差距甚微，但我们的伺服电机性价比高，在价格上会比国外厂商更具亲和力，更容易被设备制造商接受。”张瑞祥表示，目前，禾川科技的大多产品都是通用性的，未来几年，禾川科技会推出更多针对细分行业的产品，更专业和专注，打造细分行业的影响力。

民族品牌在工控行业的发展之路任重而道远，而禾川科技将始终坚持技术创新，推出更多高性价比的产品。

二

『小而精』

关键词 工匠精神

工匠精神：职业完美主义者的最好画像

工匠精神，古已有之。战国墨家代表人物鲁班一生以制作齿锯梯器为追求;《庄子》中“庖丁解牛”的游刃有余让人叹服。这种对自己的工作和产品精雕细琢的理念及追求革新的创新内蕴,是职业完美主义者的最好画像。

今之世界，时代召唤工匠精神。

且不说精于工的德国制造、日本制造，也暂不论华为、中铁等大企业集团专于细的品质追求，单就放眼浙江小微企业，我们就一眼洞穿了他们对工匠精神的执著。

“我觉得作为一个企业家，需要一种脚踏实地的‘工匠精神’，不管是在创业阶段、发展阶段，还是在成熟和转型阶段，企业家都需要创新的思维、创新的能力，以及不断创新的精神。”一火科技有限公司董事长姜志喻这样解读工匠精神。他们公司通过上百上千次的努力，终于掌握了“金属注射成型”这门世界科技前沿的神奇技术，揽下各种各样的“瓷器活儿”。

“公司自主研发生产的模具行业刀具，使用寿命可达8小时，是普通国产刀具的4倍，产品性能和品质达到欧美产品的90%，与日本水平可以相媲美。”凭借着精益求精的匠心精神，让仅有1.61亩土地、一个生产车间和8台机器的浙江神钢赛欧科技有限公司年产值达5000多万元，缔造一个时代“亩均英雄”传奇。

“领先是一种智慧，更是一种态度。”博拓里尼公司坚定走自主创新之路，不盲目跟风，专注流体传输设备优势领域，专心做好每一个产品，致力于成为国际一流的流体传输设备供应商，在世界经济版图上找到自己的坐标。在浮躁的商界，这份专注实在难能可贵……

工匠精神，它是满足人们美好生活所求，是浙江经济高质量发展所系，也是同质化竞争时代企业生存所需。

浙江制造之魂，浙江品牌之核，皆存于匠心。

一火科技：
能揽“瓷器活儿”的“金刚钻”

记者 何颖/文

创业悟语

我觉得作为一个企业家，需要一种脚踏实地的工匠精神，不管是在创业阶段、发展阶段，还是在成熟和转型阶段，企业家都需要创新的思维、创新的能力，以及不断创新的精神。

——一火科技有限公司董事长 姜志喻

样本意义

企业研发新工艺的过程就像是一个攀登高峰的过程，充满了艰辛与变数。但一旦登顶，就能取得巨大的技术优势和市场优势，足以“一览众山小”，揽下各种“瓷器活儿”。

你能想象金属产品像塑料制品一样一次成型——将液体注入模具腔内，冷却后取出来就是顾客所需要的形状吗？这就是金属粉末注射成型，英文：Metal injection Molding(缩写MIM)。这一技术，可以让一个需要几十乃至上百道工序才能完成的金属零配件，只经过简单的金属粉末和黏结剂混炼，用模具定型，然后高温、真空烘烤就能大批量地出现在你面前。

这样一个能让人惊叹的、站在世界科技前沿的技术，仅仅被国内极少数几家企业掌握和应用着。在浙江金华，就有这样一家专业从事金属注射成型技术解决方案的高新技术企业——浙江一火科技股份有限公司。

有了“金刚钻”，揽下各种“瓷器活儿”

一桶桶金属粉末在电脑控制下调配入各种喂料，然后投入炼胶机与塑料高温融合，经过注塑机注射成型，即获得一只只配件半成品。

4月27日，导报记者在位于金华竹马乡工业园区的浙江一火科技股份有限公司生产车间，看到一个完全颠覆了传统机加工的生产工艺，这个工艺可生产出各种高精度、高性能、高硬度的复杂的智能穿戴配件、精密医疗器械配件、光通信产品配件等。“自从公司有了金属粉末注射成型这个‘金刚钻’，我们能揽下各种‘瓷器活儿’。”

“金属注射成形技术”究竟是什么神奇的技术？这要从一火科技的发展轨迹说起。

2011年，做房地产生意的姜志瑜偶然接触到了金属注射成型技术。彼时，依托高分子材料的应用而发展起来的金属注射成型技术，成为当时粉末冶金领域最具活力的新技术。材料学毕业的姜志瑜敏锐地觉察到其中所蕴含的商机。“金属注射成形技术是利用塑料注射成型工艺来生产金属制品的技术，它可以解决传统粉末冶金技术所不能解决的难成型问题，在制备具有复杂形状、均匀组织结构和高性能的高精度近净形产品的成型方面具有独特的技术优势。凡是可以制成粉末的任何金属或合金都可用此方法制造零部件。”

于是，姜志瑜和毕业于中南工业大学粉末冶金专业的申建中一拍即合，成立了浙江一火科技股份有限公司，专业从事金属注射成形（MIM）技术解决方案的提供和服务，集研发、生产、销售为一体。

但理想和现实之间总有差距。虽然金属注射成型技术在国外已经发展很多年，但在国内还算是一个新事物，在产业化的过程中，总会遇到这样或者那样的困难。“就拿脱脂过程来说，不同的材料，比如钛合金和钨合金，它所需要的温度就不同，这就需要我们的技术人员不停地去试验，这个过程可能需要成百上千次。”钟经理举例说，类似的难题在一火科技的发展过程中并不在少数。

好在一火科技不仅坚持下来了，还一个个攻克了。“我觉得作为一个企业家，需要一种脚踏实地的工匠精神，不管是在创业阶段、发展阶段，还是在成熟和转型阶段，企业家都需要创新的思维、创新的能力，以及不断创新的精神。”一火科技董事长姜志瑜表示。

做别人不能做的，让顾客主动上门

金属注射成型技术虽然好，但在国内的普及度并不高。一火科技的第一个客户，是永康的一家工具厂。这家工具厂常年向俄罗斯出口一种高档电动工具——曲线锯。起初，生产该工具所需的一个极小的配件，由于工艺复杂，始终无法找到大陆的生产厂家。无奈之下，这家工具厂在长达两年的时间里，不得不先后向日本和我国台湾地区进口这一配件。虽然在更换供货方时，配件价格有所下降，但最终仍高达30元/只。

为了降低成本，该工具厂不断地通过网络搜索，查找能够生产该配件的大陆企业。与此同时，一火科技公司在转而投入生产MIM产品之初，也并不知道销路在哪里，所以只能“把公司的生产能力介绍、MIM产品样品放到网络上，然后‘守株待兔’”。就这样，永康的这家工具厂成了一火科技MIM产品的第一个顾客。这笔业务，让双方企业实现了共赢——对于工具厂来说，曲线锯的生产成本大大降低；对于一火科技来说，卖出了产品，不仅利润相当可观，而且还赢得了市场口碑。

从此以后，网络的便捷让一火科技开始了快速发展的步伐。公司订单基本上都是通过网络获得，所销售的MIM产品涉及医疗、枪械、电动工具、汽摩配件等各个行业。

都说机会是给有准备的人。2017年5月5日，一火科技正式登陆新三板。一火的自信源自于该公司在基础设备、研究装备、科研投入上的持续积累。

公司从成立之初，就非常重视科研的投入，分别与中南大学、长沙理工大学共建"中南大学一火科技校企联合中心""陶瓷新材料联合技术中心"，并聘请清华大学新型陶瓷与精细工艺国家重点实验室副主任谢志鹏教授为首席技术顾问，进行陶瓷注射成型技术的联合研发，为公司横向扩展做技术储备。

公司与高校之间的合作为公司的技术研发和持续高速发展提供了坚实的理论依托和技术支撑，极大地增强了公司的核心竞争力。

经过6年多时间的经营及技术领域的深耕，公司现有15条生产线，年产能达到7500万件以上。公司还通过了ISO9001质量管理体系、ISO14001环境管理体系及OHSAS18001职业健康安全管理体系认证；2013年通过"国家高新技术企业"认证；2015年入选国家火炬计划项目。

吉海模具：
以精度和速度坚守“零件化前端”

记者 柴丹 通讯员 俞毓华/文

创业悟语

企业的核心能力包括三要素，一是要有领先于竞争对手的独有专利技术；二是要有最忠诚的员工；三是具备领先于竞争对手的创造力与稳定性。

——宁海县吉海模具有限公司董事长 柴振海

样本意义

经过市场的摸爬滚打，吉海模具深谙“转型求生，不转型等死”的企业生存法则，以高素质的设计研发团队追求更精密的工艺，在生产上以精度和速度体现生存优势。更快、更准、更精，这一招就足以克敌制胜。

从2005年两台设备起步的个体工商户，到如今发展成为拥有员工百余人、厂房上千平方米的行业佼佼者，十几年来，宁海的吉海模具有限公司在董事长柴振海的带领下，坚持模具生产“零件化前端”，着眼市场需求，以精度和速度体现生产优势，以不断创新带动活力升级，成为名副其实的“小微企业成长之星”。

找准定位，转型不转行

吉海模具是一家专门针对模具高速铣加工及零件化制作配套企业。2008年的全球金融危机也波及了这家小企业。面对资金短缺、市场萎缩等艰难环境，柴振海深深体会到了“转型求生，不转型等死”的企业生存法则。他抱守创业的初心，面向市场寻找企业发展的金钥匙。在模具生产中逐渐形成了“从化整为零到化零为整”的零件化制作理念。他认为，在当今社会，时间就是金钱，只有为客户缩短周期、降低成本、提高精度，才能让自己的模具从市场中脱颖而出。“从化整为零到化零为整”，顾名思义，就是把模具中所有的组件先分散加工，经过高密度击穿加工及三坐标检测之后，使零件能达到3D造型与2D图纸公差的要求，改变了以往零件“多点”加工带来的时间、成本浪费及生产误差。

与这一理念相呼应，公司逐渐建立起了更高素质的专业技术团队，拥有了更完善先进的高速铣数控加工设备，能够生产不同规格的产品，在生产上以精度和速度体现优势。诚信宗旨、优质标准、快速准则的精神不仅让吉海模具收获了“优秀供应商”“星级外协加工单位”等荣誉，更赢得广大客户的信赖。公司2015年、2016年、2017年主营业务收入分别实现945万元、2057万元、2500万元。

员工为本，创新中取胜

领头人的气质就是企业的气质。柴振海敢于创新、勇于创造，他的这种气质也潜移默化地塑造着吉海模具的企业文化。当《市场导报》记者走进吉海，看见的是一支高素质的技术研发团队、高情商的管理团队、高效率的员工团队。不断创新专业技术、持续刷高员工幸福感，也成为吉海近几年持续发展的原动力。

吉海模具拥有专业的设计研发团队和先进的软件，追求在创新中求变，在细节中保证质量。他们围绕提高产品质量等级品率、减少质量损失、提高新产品产值率、有益于环境、节约资源五方面开展工艺创新，不仅打造核心竞争力，将产品技术做到精益求精，更将企业应该承担的节能减排等社会责任纳入创新初衷。至今为止，公司拥有研发人员8人，技术型员工占比80%以上，已成功申报高精度复杂汽车反光镜注塑模具研制等4项新产品项目，汽车反光镜壳体的制造模具等5项实用新型专利。

近几年，公司紧紧抓住市场的有利时机，在凝心聚力保证质量的前提下，合理调整产品生产计划，加强生产调度指挥，实施增产增收、挖潜增效，使每台设备尽可能地发挥最大的效率。

公司在实现企业高速发展和增加员工收入、福利待遇这一企业目标上落实举措，各级管理者在全力以赴抓好生产的同时，深入细致地做好员工思想工作，注重保护好职工的积极性和创造力，聚集人气，理顺人心，并在2016年度顺利突破目标销售额2000万元，成为规模以上企业单位。目前公司正在全面推动的ERP智能管理系统，对企业的人力、物力、机器设备、环境、资金进一步合理利用，建立团结、紧张、合理、有序的企业环境，建立健全企业管理机制和激励机制，使公司健康地持续发展。

政策利好，发展正逢时

说起公司的发展，柴振海表示，"守住创业初心是自己坚持的信念，而来自政府的支持和帮扶共同守护，让我们对未来有了可期的信心和力量"。

近年来，宁海县市场监督管理局在帮扶小微企业成长上主动靠前，全面加强政策创新和政策供给，推出了小微企业三年成长计划，吉海模具也被纳入重点样本企业培育库。该局还助推县政府出台"产业新政33条"，推出了涉及50个方面、5.5亿元的财政扶持资金以及总额200亿元的产业基金，打出了支持企业发展的最强"组合拳"。特别针对企业因与政府信息不对称，造成对惠企政策看不准、吃不透、用不好的现状，设立"惠企巡讲团"，通过"线上+线下”“工作+业余”双线联动机制，将惠企干货送入千家小微企业，及时帮助解决在发展过程遇到的商标注册等难题，助力企业健康成长、提档升级。

“守住初心、保持不满”，柴振海坦言，对未来的发展，公司已清晰描绘了战略蓝图，期望通过管理系统的不断升级，技术产品的不断创新，抓准产业链的优化，实现纵向横向双突破，创造更大的平台，实现更大的发展。

星火减震器：
深耕汽摩配专业，创新为王

记者 陈余玉 文/摄

创业悟语

要让产品赢得业界和合作企业认可，就要不断挖掘行业活力，同时专心致志地在技术合作、引进、消化和吸收上创新。

——温岭市星火减震器有限公司董事长 林国军

样本意义

把一件貌似普通产品做到极致，这就是工匠精神，真正体现出“小而精”“小而强”的专业态度。

作为温岭市星火减震器有限公司董事长，林国军与员工们一样特别忙碌，加班加点赶工，每天要将十几吨产品发往雅迪、吉利、龙嘉等企业合作商。

不断的订单并没让林国军开颜，这几年人工工资和材料价格上涨，如何降低成本保证利润？林国军早就开始思考这个问题：质量不能降，只有通过技术创新提升产品附加值，通过自动化设备取代人工降低生产成本。

这对星火减震器公司来说，显然是一道“加减法”的命题，而他们在答题卷上的成绩也很不错。去年还获得浙江省“小微企业成长之星”荣誉称号，成为温岭唯一一家上榜企业。

撒网捕鱼 细分摩托车配件市场

在温岭市众多企业中，星火减震器公司算不上“名声显赫”，但在减震器行业，企业的知名度却不低，甚至被同行称为“建大轮胎、星火减震”。这样的认可，是林国军用二十几年时间所取得的。

“1997年从钱江摩托出来，开始就做汽车配件业务；1999年筹集100万元投身于减震器行业。”林国军说道，当时企业只有5名员工，他负责销售，妻子负责发货、送货、收款，车间聘请一位主任管着，就这样开始接单生产。“工厂采购减震器配套产品都是跟塑料件走，买塑料件一起买其他配套产品，所以一开始都是把减震器直接送给塑料件厂，通过他们把我们的产品慢慢带出去。”

网撒出去，鱼儿就慢慢来，2000年，他在广州设立办事处。“2002~2008年是减震器市场高峰期，整个市场减震器需求量大，但生产企业却极少，尤其广东一带，可以说一片空白，给了我极好的发展机会，雅迪、吉利、龙嘉等知名厂商都在与我们合作。”林国军介绍道。

2005年，林国军在广东江门市购入一块土地，用三年多时间盖起厂房。“之所以选择江门，因为那里是汽摩配企业集聚区，信息流通快且运输、配套等也方便。到现在，江门星火减震器公司已成为接单主力，温岭工厂许多订单都是帮江门公司生产的。”林国军说道。

做好“加法” 创新驱动提升质量

生意做得如此之大的原因，林国军认为主要还是产品质量过硬，赢得众多客户认同，所以生意一年比一年好。

“减震器是精细产品，如果里面有一点灰尘颗粒，就易出故障，所以公司对生产环境要求十分严格，车间生产流水线要达到净化标准。”林国军说，现在车间地面由当年的水磨石改成环氧地坪漆，因为环氧地坪漆看上去更干净亮堂，更易看见灰尘颗粒，也能显得车间更干净。

技术是汽摩配产业的精髓。过去该产业多数参照国外产品的样品生产，自主研发少、技术含量低。星火公司也经历这么一段时间，拿着别人的样品照着做。但这样一来，企业就没有竞争优势，利润掌握在那些有自己产品的企业手上。林国军说道：“2002年，企业用50万元年薪请来设计师，迈出自主研发第一步。从外形到核心全部都独立研发。”

值得庆幸的是，星火减震器自主研发路走得较早，同行竞争没现在那么激烈，给了他们一个自有产品发展起来的空间。

做好“减法” 用“机器换人”改造车间。

创新驱动实质是人才驱动。这在星火减震器是一个永不休止的真命题。

“减震器行业人才难培养，必须有十几年经验，人才是可遇不可求。”为此，该公司求才若渴，对资深专家、行业骨干和销售精英，都是高薪聘请，组建极具发展潜力的团队。

在专业人才上做“加法”，在普通工人上想方设法做“减法”。“近几年来，普通工人工资涨得厉害且还很难招，我们就通过‘机器换人’缓解招工压力。”林国军说，企业新添5台加工中心，且通过互联网把车间磨床连成一条流水线，以前一台磨床需2个人操作，现在3台磨床只需2个人。更重要的是，这样操作后，不仅节省人工，而且增加产量。以前同样数量的磨床产量只有12万套，现在则达20万套。

除购入自动化设备外，该公司车间不少设备还是他们自己改造的。“如果所有设备都靠买，成本太高，所以我们只能自己动手改造，比如装备线上的自动化设备就是自己改造的。以前装配工人需花力气去压，现在把材料放上去就能自动操作了。”林国军说，整条生产线有四五个环节的自动化设备，都是他们技术人员改造出来的。

最近，林国军听到同行的大长江集团购入几台新的自动化设备，就派技术人员去考察，回来后也准备琢磨着进行改造升级。

除生产设备外，星火减震器公司每年投入销售额10%的资金，用于自主研发减震器产品和检测设备。“像实验室里的耐久性检测、路试设备都是我们自己研发的。此前杭州一家第三方检测机构看中我们的检测设备，直接向我们购买，用于检测其他企业产品。”林国军非常自豪地说道。

神钢赛欧科技：
刀尖上的“舞者”

记者 陈余玉 通讯员 杨钧越/文

创业悟语

我创立“神钢赛欧”的公司品牌就是要：铸造神钢，赛过欧洲。如果产品的品质不能达到标准，宁可让生产设备停工，也不让有瑕疵的产品从神钢赛欧走出去。

——浙江神钢赛欧科技有限公司董事长 徐炳坤

样本意义

不忘初心，方得始终。徐炳坤相信只有高起点、高要求、高标准，才能够锻造出企业品牌的魂魄，才能以良好的口碑获得跻身高端刀具市场的“入场券”。

仅1.61亩土地、一个生产车间和8台机器，让浙江神钢赛欧科技有限公司年产值达5000多万元，缔造了一个时代“亩均英雄”传奇。

小刀具蕴藏大奥秘，小企业激发大能量。曾获“2016奇思妙想浙江行”创业大赛一等奖的“高速高精度切削刀具”项目，在徐炳坤和他的科研团队历时半年夜以继日的技术攻关后再获新突破，企业生产的切削刀具品质再次实现新飞跃，已达到国际一流水平。“公司引进的测量和刃口处理设备均为亚洲首台，自主研发生产的模具行业刀具，使用寿命可达8小时，是普通国产刀具的4倍，产品性能品质达到欧美产品的90%，可与日本水平相媲美。”这位曾梦想成为专业舞蹈演员的“80后”创业者徐炳坤，凭借着精益求精的匠心精神，正以钢刀为舞台，以砂轮的打磨声为背景音乐，逐步向刀尖上最好的“舞者”迈进。

与刀结缘 潜心钻研

数控刀具被誉为“工业的牙齿”，看似小巧却包含着及其复杂的工序，从刀片基体、几何角度、涂层技术到加工方法，所有的技术都环环相扣，任何一个细微的波动都能影响产品性能的整体表现。

2006年，徐炳坤加入一家刀具企业，担任试切工作。从小热衷研究发明的他，一下子就被这个能够“牵一发而动全身”的小部件吸引住了。“我这个人比较奇怪，喜欢技术含量高、难度大的工作。”谈起与刀具的缘分，徐炳坤如是说。

刀具试切往往需要上千上万次的反复试验，但徐炳坤从不敷衍了事，也并不觉得枯燥乏味。他的每一份切削试验报告都详细地从刀具的材质、涂层种类、刃角形状、可加工硬度、螺旋角等方面分析不同设计所带来的切削效果。为了更好地研究不同刀具的特点和差异，他甚至对每副刀具产生的切削声音都进行记录和分析，不放过任何一个可以研究的细节。

长此以往，徐炳坤单从刀具切削产生的铁屑颜色、形状和振动的不同，就可以判断刀具的磨损情况，而他对刀具的热爱之情也由此越来越深。在他的眼里，刀具在切削过程中，一直在根据模具的形状不停地高速旋转，切出铁削的声音高高低低好似伴奏，如同一段精彩的机械之舞。

在当代机械行业高速高精度加工中，刀具行业只有通过不断发展与创新突破，才能满足高效加工的需求。然而，国内刀具市场几乎被国际刀具巨头垄断，市场经济大潮之下，刀具企业往往不愿意在研发上投入大量的资金和人力。这样的现状激起了徐炳坤以自主创新让传统制造“开花”的创业之梦。

精工磨砺 锻造品牌

浙江省台州市黄岩区素有“模具之乡”之称，大量模具企业聚集，刀具的使用频率高、需求大。2013年，徐炳坤在家乡黄岩创办了浙江神钢赛欧科技有限公司，带着推动高端刀具实现国产化的使命感和苦钻的精神，踏上了高端刀具创新设计的舞台。对于创业，徐炳坤有着自己明确的目标：创建世界一流品质的中国制造。

工欲善其事，必先利其器。创业初期，徐炳坤一直在赔钱做研发。他认为创新不仅仅在于对刀具的整体性研发、结构设计等进行技术革新，更在于要经受得起应用的检验。只有秉持“利他之心”，紧贴客户需求对刀具及加工参数进行不断的调整，真正将创新技术转化为实际效益，刀具产品的整体水平才能上升到新高度。

为此，徐炳坤和他的科研团队不仅投入了大量资金陆续购入一系列亚洲高端设备，通宵达旦进行试验，还经常主动走进客户的车间观察刀具的实际表现。“有一次，我在一家模具企业听客户说起在使用刀具过程中经常发生‘崩刀’的情况。”徐炳坤百思不得其解。于是他多次到该企业观察，终于找出问题所在，及时对刀具的几何参数进行了改良，进一步提高了刀具的使用寿命。

切削刀具应用领域和作业条件多样而复杂，因此刀具研发的试验需要无数次对枯燥的数据进行分析，过程繁杂也没有现有的技术成果可以参照，甚至很可能经历漫长的过程却毫无收获。虽然只要把刀具生产出来贩卖就可以赚钱，然而徐炳坤始终不愿意销售品质未达到内心标准的产品，即使在企业资金周转最困难的时刻，他仍旧“任性”地坚持着这个原则。

“我创立‘神钢赛欧’的公司品牌就是要：铸造神钢，赛过欧洲。”徐炳坤坚定地说。“如果产品的品质不能达到标准，宁可让生产设备停工，也不让有瑕疵的产品从神钢赛欧走出去。”不忘初心，方得始终，徐炳坤相信只有高起点、高要求、高标准，才能够锻造出企业品牌的魂魄，才能以良好的口碑获得跻身高端刀具市的“入场券”。

凝心聚力 崭露头角

决定创业的时候，徐炳坤说服了与自己志同道合的小伙伴，组成了一支平均年龄不到30岁的科研团队。神钢赛欧的成立为这些有志于自主研发的年轻工程技术人员提供了一个施展才华和抱负的空间，良好的工作环境和优渥的硬件配备为他们在创新领域开疆拓土提供了坚强的后盾。

作为科研团队的灵魂人物，徐炳坤在工作中始终以自己的严谨与热情带领着大家攻坚克难，他十多年来从业积累的职业直觉也带领着团队攻克了一个个难关，而团队在不断成长的同时内部结构也变得更加牢固和坚韧。铸造“魅力神钢”的梦想，既是徐炳坤的，也是团队每个人心中共同的追求。

一位来自德国的资深刀具专家，在应邀参观了徐炳坤的企业之后，很快就被这里精细的管理模式和浓厚的创新氛围所吸引，更是被徐炳坤带领的团队合力奋进、始终致力于改进生产工艺和产品质量的匠心所感染，最终选择留下，为这家初创小企业“锻刀”。

天道酬勤，热爱钻研和执着品质的工作状态，“利他”的经营理念和处世态度，让徐炳坤的梦想照进现实。在2016年海尔集团的刀具招标会上，神钢赛欧生产的刀具与来自国内外其他企业的产品同场竞技，其中不乏国内知名企业和日本、韩国等亚洲一流刀具企业。在现场展示环节，当其他品牌的刀具都因磨损而停止旋转时，只有神钢赛欧的刀具“舞”到了最后，赢得了全场的掌声。

在“2016奇思妙想浙江行”创业大赛中，徐炳坤的“高速高精度切削刀具”创业项目更是在6000余个选送项目中脱颖而出入围决赛，并最终以“黑马”之姿一举摘下比赛的桂冠。而且，徐炳坤的“工匠精神”和“热爱之心”打动了全场的评委和观众，成为大赛历史上唯一一个获得场内大众评委满分的项目。

创业3年，包括后勤、销售等人员在内，仅有23人的神钢赛欧在2016年创造出了2000多万元产值。企业自主研发的航空铝专用刀具、镍基合金专用刀具、淬硬材料专用刀具等八大系列产品在行业内具有使用寿命长、加工精度高、耐磨损性强的优势，其客户囊括海尔、格力、美的、苹果等知名企业，其产品甚至被广泛应用于国防工业、航空航天等领域。

锐意创新 以器载道

高度，源于不断的超越。在成绩和荣誉面前，徐炳坤并没有停下前进的“舞”步，而是和自己的科研团队紧锣密鼓地开始了新一轮的技术攻关。

在长达半年的时间内，徐炳坤和科研团队每天在研发上投入数万元，进行了上千次的切削实验，夜以继日地推进新项目的改进和突破速度。最终企业致力研发的PVD纳米涂层项目再次取得新进展，刀具表面硬度随之提高，产品的切削速度、耐磨损性、红硬性、抗氧化性和润滑性等性能指标也显著提升，极大地降低了加工成本，提高了生产效率。

数控机床精加工具备高转速技术特点，以大型汽车模具需要保持20小时持续加工生产为例，如果使用普通球刀，必然会出现磨损，“因此，在铣削过程中，工人经常要更换新刀，重新进行加工，为企业客户增添无谓的加工成本。”徐炳坤为记者算了一笔账，按每隔一小时换刀一次的频率计算，光换3次就产生隐性损失至少600元。“频繁换刀使得切削无法一次成型，加工表面有接刀痕，影响成品的美观度，这是所有企业都不能接受的。”

而高效刀具就不会引发此类问题，徐炳坤曾对自主研发的8R4球刀进行上千次切削实验。为了充分证明产品的耐磨性，他要求刀具保持强力平面铣削加工长达10个小时。“这是相当严峻的加工条件。普通刀具通常2~3个小时就出现明显磨损。”徐炳坤向记者展示某款经过试切削后的国产普通球刀，通过肉眼就能看到，其刃口已经明显磨平。“相比之下，我们自主研发的球刀经过10个小时的‘暴力对待’依然表现良好，磨损情况需要通过专用显微镜才能观察到。”

随着刀具品质再上新台阶，2017年企业订单呈爆发式增长，全年销售额与上年相比将实现翻番。如今，原有的生产用房已无法满足企业猛增的订单需求，徐炳坤正计划扩大企业的生产规模，拟建立高效模具加工车间，进一步加大对先进设备、技术、工艺的引进和更新投入，持续为企业的创新研发添柴加薪。

下一步，徐炳坤计划和世界领先的牧野机床公司合作，在家乡建立中国先进刀具研发中心和中国模具高效加工研发中心，服务民族工业，助力中国制造2025，为制造业智能化转型贡献一己之力。

创新永无止境。对于刀具，对于企业的未来，这位在刀尖上激情起舞的创业者有着自己的梦想。徐炳坤说：“我相信有一天，我们可以骄傲地说世界上最顶尖的刀具是Made in China。”

东信电器：
高效解决浴霸行业“痛点”

记者 梅雪风/文

创业悟语

企业如果不创新，肯定是不能立足。自主品牌也好，合作也好，必须要造出与众不同的东西，或者颠覆行业的东西。

——嘉兴市东信电器有限公司董事长 柏建荣

样本意义

用OEM（代加工）来孵化自主品牌，用技术与创新的力量擎起自主品牌。国家级高新技术企业、热波传导技术专利、“零爆炸、零致盲”的新型浴霸背后，是行业标准与市场观念的一次飞跃。

不顾身边98%战友劝阻的声音，柏建荣毅然放弃“金饭碗”白手起家。在他的带领下，东信电器率先解决传统浴霸三大安全隐患，并引入热波，带来一场浴霸行业的技术变革；挺进吊顶市场，立下“六重安全，浴室吊顶新标准”，助推现代家装新趋势。东信电器用科技与创新，让越来越多的家庭接触到更加安全、智能环保的现代家装。

再度扬帆是为自我实现

推动他创业的契机，也许要追溯到1987年：他作为唯一的军方代表，加入空军飞行特装厂的组建，并担任供销科科长，一干就是12年。1998年他从部队转业，进入嘉兴市医药管理局。手捧“金饭碗”的他，却总觉得心里空落落的。

“我回想起以前在军队，每谈成一笔业务就觉得有一种成就感，和坐在机关办公室不一样。”内心深处对实现自我价值的渴望，促使柏建荣放弃了稳定的工作，从零开始，再度扬帆。柏建荣将目光投向家乡王店的浴霸市场。考察之后，他借入20万元资金，租下800平方米的厂房。2003年8月1日，柏建荣正式创办了嘉兴市东信电器有限公司，这是他的一种军人情怀。

可贵的是，他更将这种军人情怀带入了工作中。

浴霸市场初显热度之时，许多新兴厂家“山寨”知名大厂，靠鱼龙混杂追求效益。军人出身的柏建荣，决然否定了这种途径。他要发展自己的品牌、做高质量的产品。但他也很明白，自己所掌握的资本，暂不足以支撑一个新生品牌的研发创新。

依靠12年的供销经验，柏建荣另辟蹊径。东信电器选择与真正的品牌合作，以OEM的方式，走出自己在浴霸市场的第一步，将OEM业务的获利逐步投入对自主品牌的支撑。如今，东信电器依旧延续OEM与自主品牌业务并存的模式。

科技创新引领行业蜕变

“企业如果不创新，肯定不能立足。自主品牌也好，合作也好，必须要造出与众不同的东西，或者颠覆行业的东西。”科技与创新，是东信电器的发展主题。

东信电器组建了自己的研发团队，研发工作深受认可，曾获得“嘉兴市专利示范企业”“浙江省科技型中小企业”“浙江省专利示范企业”“浙江省名牌”在内的50余项荣誉；其项目如“浴室吊顶空气净化取暖一体机的设计与研究”等入选嘉兴市科技计划。在“产学研”等政策的牵线搭桥下，东信电器与上海复旦大学、浙江大学、浙江科技学院等多所知名高校建立起稳固、深入的合作关系，累计申请各类专利100多项。

2005年开始，东信电器与复旦大学电光源专家深度合作，于2009年完成热波项目的研发。其热波传导技术获得国家专利，东信电器也受认国家高新技术企业。

柏建荣告诉记者，热波可以作用于皮肤下2微米的水分子，促进其发生碰撞摩擦。其促热原理与人体运动后反应相似，对加速血液循环、降低患癌概率均有效果。相关的技术原理已得到国内外专家的肯定。国家红外医学发展研讨会、日本红外医学会多次就此展开学术交流，日本红外专家亦据此出版相关研究著作。

“我们创新性地将热波置入浴霸产品，达到理疗的作用。也就是说，你洗一次澡，相当于做了一次免费理疗。”柏建荣介绍道。现在“远红外热波”取暖器已成为东信旗下最受欢迎的拳头产品之一。

立足于强大的研发力量，柏建荣直面浴霸产品存在的三大“痛点”：一是取暖泡太亮、太刺眼；二是取暖泡存在的万分之一的爆炸概率；三是取暖泡致盲隐患。

东信电器的研发团队发现，膨胀系数越低，取暖泡爆炸概率就越小。据此，他们创先以耐热3000℃的石英管替代硬质防爆玻璃，将万分之一的爆炸概率降低到十万分之一以下，最大限度地提高了浴霸在高温、高湿环境下的安全性。

对于引发黄斑病致盲的根源——蓝光，东信电器也通过技术手段，将其由普遍的0.27%降低到0.04%，达到同类产品最低值。这也是目前市面上唯一不会对眼睛造成损伤的数据水平。

“解决行业痛点，这就是我们的价值所在。”柏建荣希望让消费者看到，自己的品牌是有创新力的，是有科技性的。当前，东信电器已通过ISO9000、ISO14000等质量管理体系认证。

与时俱进助推现代家装

开发浴霸的同时，东信电器也在适应市场需求，积极拓展业务。旗下“吉柏利”“艺美家”两大知名品牌线上线下同步运营，销售网络涵盖全国。其中，吉柏利是东信旗下的知名吊顶品牌，获评包括“消费者喜爱的集成墙面十大品牌”“集成墙面行业知名品牌”在内的数个奖项，广受业内外认可。

吉柏利现已发展为有成熟的集成吊顶与顶墙集成产品，并在考虑地板业务的加入。值得关注的是，基于当前社会“快生活”的要求，东信在集成方面着重发挥环保、高效两大特点。其开发利用除醛板等环保材料，追求即装即住的效果。目前，从房屋测量到完成安装，仅需15天就可入住。

最近，东信电器与碧桂园房地产公司达成战略合作。今后，东信电器愿与更多房地产公司合作，满足“精装”房产的新需求。

在自身品牌的树立上，东信电器也展现出其紧跟时代的特点。其旗下店面形象均统一设计，在展会与传媒的宣传上也给予了积极投入。2012年，吉柏利品牌赞助由黄渤、林志玲主演的热门电影《101次求婚》，目前与影视、铁路、媒体等多领域保持良好的宣传合作关系，具有极高的品牌化意识。

柏建荣认为，应当向消费者展示企业的创新力与科技含量，改变低价竞争带来的错误消费观念，引导消费。他希望做让消费者放心的高质量产品，做更多有助于行业、社会发展的事。

“我的真正目的并不纯粹为了个人，而是希望能够在服务社会上尽点力。认可我们品牌的人越多，我们和各个学校研发的成果就能更多地转化落地，就能让好产品被更多人使用。”

柏建荣切实践行着自己的理想。东信旗下的研发成果，在其OEM合作产品中也得到应用。当前，东信电器与欧普照明、雷士照明、九牧卫浴、台湾樱花等数十家知名品牌保持着长期、深入的战略合作。

“超越自我、追求卓越，为社会做贡献。”东信电器仍在开拓创新、奋发努力，让越来越多的家庭享受到新一代集成家居带来的美好生活。

英特讯信息科技：
打通海上安全高速公路

记者 安宇 实习生 王尹希/文

创业悟语

专利虽是一纸产权，却在法律层面保障了企业的自主创新，并为打响英特讯品牌开辟出了道路。

——浙江英特讯信息科技有限公司副总经理 沈鹏程

样本意义

借助天时地利，英特讯深耕海洋经济，用科研人才与专利技术补上了最后一块短板，一跃成为行业排头兵。

2016年11月，第九批浙江省“千人计划”入围人选出炉，浙江英特讯信息科技有限公司的首席技术官张树民赫然在列。作为舟山定海区首个入选省“千人计划”的高层次人才，这位毕业于乔治华盛顿大学，曾在美国朗讯科技、休斯公司等国际顶尖企业工作多年的年轻人，回国后便扎根群岛新区，加入英特讯信息科技有限公司，致力为远洋渔业企业、船东提供信息化服务。

“不仅仅是张树民，这些年英特讯还大力引进了不少技术人才，拿下多项国家专利，也斩获诸多荣誉，并走出了一条独立自主知识产权之路。”浙江英特讯信息科技有限公司副总经理沈鹏程说。

创业之路，既是机遇也是挑战

作为英特讯的副总经理，舟山人沈鹏程回顾创业之路，既欣慰又感慨。

“英特讯早在2012年就成立了，当时主营电子设备生产。但舟山由于地理位置等原因，原材料的采购成本高，技术人员也匮乏，生产型企业的利润下滑严重，于是决定重新规划发展方向。”

都说21世纪是海洋的世纪。浙江从2003年起就提出“建设海洋经济强省”的目标，时任浙江省省委书记的习近平于2003年8月18日召开的第三次全省海洋经济工作会议上，提出建设“海洋经济综合实力强、海洋产业结构布局合理、海洋科技先进、海洋生态环境良好的海洋经济强省”的奋斗目标。

2011年2月，国务院正式批复《浙江海洋经济发展示范区规划》，浙江海洋经济发展示范区建设上升为国家战略。6月，国务院批复设立“浙江舟山群岛新区”。舟山深耕海洋经济，从港口开发到海洋新兴产业兴起，海洋经济发展方兴日盛。

靠海吃海，英特讯的创始团队将眼光瞄准了海洋科技。

那时的沈鹏程已经明白，随着人类对海洋索取和开发的不断深入，相应的海洋信息化应用会越来越广。正是这一执念，让沈鹏程以及公司创始团队一头扎进了海上通信保障产品的研发上。

“转型之初，企业生存环境非常艰难。”沈鹏程告诉记者，那时企业核心成员只有四五个人，几乎每天都要忙到凌晨两三点。随着行业的快速发展，他们慢慢打开市场接到订单，随后又将大量资金、时间和人才投入到新的技术研发和创新中。

拿下江苏启东的项目，成了英特讯发展史上具有里程碑意义的事件。沈鹏程表示，作为全国第一个政府招标的卫星项目，当时行业竞争异常激烈，但利润却很微薄。可若能顺利拿下项目并提供优质技术和服务，必将开辟出远洋渔业信息服务的广阔市场。于是，英特讯团队开始潜心钻研技术，最终在投标竞争中获得胜利。从业内的小有名气到完美完成政府订单，英特讯一路披荆斩棘，收获颇丰，国内的远洋企业也纷纷抛来橄榄枝。

保护知识产权，打响“英特讯”品牌

通过短短几年时间，浙江英特讯信息科技有限公司通过引进技术人才、加大投入和科技创新，迅速发展成为国家高新技术企业、2017年浙江省小微企业成长之星。但回首曾经，很少人知道，其实英特讯在保护知识产权过程中也走了不少弯路。

“英特讯主要研究类似海上导航系统——AIS船舶自动识别系统以及卫星通信。但由于行业的特殊性，一旦某个设备系统进入市场，程序便很容易被破解。因此转型刚起步的时候，我们遭受无数盗版冲击。一旦遭受盗版，市场中的同类产品就开打价格战。频频被盗版成为企业发展的‘绊脚石’。”

沈鹏程告诉记者，后来英特讯团队意识到专利的重要性。虽是一纸产权，却在法律层面保障了企业的自主创新，并为打响英特讯品牌开辟了道路。

从最初的电子加工，到后来为远洋企业做服务平台，再到如今拓展成为软硬件开发加服务一体化的模式，英特讯的发展之路虽说顺应天时地利，但也充斥着种种挑战。这群怀抱梦想的年轻人，在经历了人才匮乏、转型升级、专利技术等困难后，最终迎难而上，找寻出口，在行业内拥有了属于自己的一片天地。

打通海上高速路，肩负海员安全使命

目前，英特讯与北京国交信通科技发展公司合作，成立了中国远洋渔业服务中心及监测小组。此外还与中国远洋渔业协会、上海海洋大学（中国远洋渔业数据中心）合作，研发生产 “互联网+渔业”的创新型产品——电子渔捞日志终端。

“该产品是以实现电子渔捞日志为基础，融合信息、图片收发、越界报警、安全遇险报警、船舶位置记录、海洋气象信息的综合智能设备，我们主要负责平台维护与管理。”沈鹏程说。

一个现实是：远洋船员长期漂泊在海上，承受的身体与精神压力巨大，此外与岸上交流匮乏，船只及船员的人身安全存在隐患。而随着远洋渔业的蓬勃发展，整个产业对于通信设备及安全管理的需求也趋向专业。基于此，英特讯与农业部安全处也开展了稳定的合作关系，并作为中国远洋渔船应急搜救小组的成员之一，为我国境内外船只安全肩负起重要使命。

众所周知，健全可靠的海事通信，不但能保障船舶安全航行、正常运营，更是海上安全必不可少的保证。英特讯作为交通运输部的代理，已成为海上渔船业最大的合作伙伴。截至目前，现代海运的通信设备中有七成产品出自英特讯，在远洋渔船业务占比更高达90%，为海运业及远洋渔船提供着全方位保障。

“我们正在逐步打通海事管理、搜救协调、遇险救助及安全信息传播等方面的通信渠道，旨在为航行在世界各地水域的船舶增加安全系数，进一步提升海上安全通信的现代化水平和综合科技含量。”

谈及企业未来的规划，沈鹏程表达了自己的壮志雄心：“英特讯下一步的目标十分明确，就是进一步打通海上的高速公路。目前远洋渔船的通信还处在2G阶段，我们希望为船只打通更快速的网络通道，同时再开发试用于高速网络的软硬件设备。”

宇凡电器：
GIS壳体行业里的“头狼”

记者 陈余玉 文/摄

创业悟语

把产品质量做好，才会赢得客户尊重；坚持科技创新发展，才能增强企业的竞争力和自身实力。

——浙江宇凡电器有限公司总经理 林辉

样本意义

“只有把品质做好，才能打开市场，才能产生品牌效应。”用国际一流的高端客户标准来倒逼自己提升产品品质，这份“狼性”使得宇凡电器从一家名不见经传小作坊成长为气体绝缘金属封闭开关（GIS）壳体行业的佼佼者。

在浙江宇凡电器有限公司内，导报记者看到GIS壳体生产的每道工序都在忙碌地进行着，技术人员在详细记录检测数值，随时追踪检测的质量。虽然宇凡电器属于当地小规模企业，但其严苛追求品质却在业内闻名，正因如此，宇凡电器得到不少国内外企业的垂青。

怀揣“匠心” 小作坊创新发展

宇凡电器创建于2013年4月，企业前身为1986年成立的玉环县远力电器有限公司，是浙江省首家专业生产GIS壳体的企业，其产品科技含量和质量较高，已获9项国家实用新型专利。

当被问及为何选择从事生产GIS壳体时，宇凡电器总经理林辉说：“其实父亲在这行业做了很久，我们两兄弟无非一直在坚持。”

怀揣这个梦想，宇凡电器一直坚持20多年品牌制造之路，拓展市场，建立品牌效应。林辉说道，只有把品质做好，才能打开市场，产生品牌效应，而提高员工质量意识则是提升品质的第一步。“我们一直告诫员工，品质是公司生命，产品的任何小细节，都需要认真对待，哪怕亏了也需要把产品做好。”

目前，公司主打的产品是高压开关SF6断路器。高压开关SF6断路是由断路器、隔离开关、接地开关、互感器、避雷器、母线、连接件和封闭接地金属壳体组成，其内部有一定压力，有优异灭弧和绝缘力SF6气体。由于GIS既封闭又组合，占地面积小、占用空间少，基本不受外界环境影响，运行安全可靠且维护工作量少。

“SF6断路器是由SF6气体完成吹弧的一种断路器设备，而SF6断路器绝缘性和灭弧性远高于油断路器，目前市场上广泛在应用。”林辉非常专业地介绍道，SF6断路器对气体管理和应用要求很高，开断能力强，能有效保护中、高压电路安全，无火灾和爆炸危险；电气使用寿命和检修周期长，能适应短时间频繁操作，有良好的安全性和耐用性，修检周期可达10~20年；绝缘水平高，在0.3MPa气压下能轻松通过各种绝缘实验并有较大裕度，密封性能好，结构简单，灭弧室、电阻和支柱独立气隔，且SF6本身含水量较低，安装和检修不需打开断路器内部结构，能保持SF6断路器内部密闭性。

执著品质换来丰收回报。由于宇凡电器产品质量及性价比比其他产品高出很多，配套企业对宇凡电器产品的信赖度一炮打响，这也验证了林辉常讲的一句话——“满意的客户就是最好的广告。”

专注品质　宇凡电器人的追求

由于电力系统对输变电质量和可靠性的要求高，对高压开关设备的性能要求也越来越高，使高压开关设备技术得到长足进步。宇凡电器的产品品质在国内行业里有了一定知名度，但宇凡电器人不满足于此，打造世界顶级专业制造商是宇凡电器人的共同目标。

有一年，西门子公司曾经为找到合适的气体绝缘金属封闭开关壳体，在大半个中国辗转大半年，一直没找到满意产品。一个偶然的机会，他们得知宇凡电器产品质量不错，在来到宇凡电器了解经营理念、参观生产过程及生产工艺后，决定进行长期战略合作。由于西门子的要求远远高于国内行业标准，为达到客户要求，宇凡电器决定不惜淘汰仅使用没几年的设备，重新投资全自动数控设备，提高产品加工精度，以确保整体产品质量。"这既是宇凡电器面临的挑战也是机遇。如果做出让客户满意的产品，那宇凡电器的品牌效应也将更进一步提升。"林辉说道。

面对客户对品质近乎挑剔的态度，宇凡电器技术团队没有任何抱怨，哪怕毫米误差，都重新分析研究，再次试验做样，在保证内在品质的基础上，对产品外观也精益求精，做到全棱角磨光倒角，让客户对宇凡电器刮目相看。通过近一年时间的努力，宇凡电器终于与西门子公司达成战略合作。

生存之道 以质量求发展

"到了宇凡电器，就像到了家里，我们对宇凡电器产品十分放心，对他们的团队也十分敬佩与尊重！"韩国晓星公司负责人在接受当地媒体采访时情不自禁地说道，并当起向导，介绍宇凡电器的点点滴滴，对宇凡电器的品质管理如数家珍。

宇凡电器坚持“以质量求生存、以信誉谋发展、满足用户需求”的发展理念，不断引进国际先进技术和设备，努力提高产品科技含量和质量，在元件结构、组合形式、制造工艺及使用和维护方面大量投入研究开发，采用金属（铝、钢）壳体拉延（翻边）工艺，使用MIG、TIG加丝焊等先进焊接设备和TK6516B/TJK65B数控镗床加工中心及卧式铣镗床TPX6113/2/TPX6111B设备组成机加工生产线；采用X光射线、着色、超声波等无损探伤焊缝质量检测，通过水压试验对壳体强度和SF6气体装置气密性进行检验。目前，除生产GIS壳体产品外，宇凡电器还生产高中压开关设备配套电器元件，包括各种大型旋压件、铸造件，直径1800mm以下的不锈钢法兰，铜、铝锻铸件等产品。

“品质赢得市场”是宇凡电器坚持的理念，曾经的宇凡电器也经历过不如人意的低谷期，但他们始终没有放弃对品质的坚持。在当今经济新常态下，一些企业纷纷转向或投资其他副业时，作为技术型企业的宇凡电器专注于本业毫不动摇，用自己的实际成绩印证了专注实业和挖掘熟业的活力。

“高压开关及壳体生产是国家鼓励发展的重点行业。在现有的国家能源结构下，输变电及高压开关壳体制造仍有大好机遇，我们将不断提升企业产品，提高综合技术优势，为‘西电东送、南北互供和全国联网’及建设坚强国家电网共同奋进、共谋发展。”林辉信心满满地说道。

博拓里尼机械：打造成中国流体传输设备行业领先品牌

记者 陈余玉 文/摄

创业悟语

创业需要创业者的灵敏嗅觉、不怕失败的勇气和坚持认真的毅力。对产品打磨和企业经营要有匠心追求，一丝不苟，得到的结果肯定不一样。

——台州博拓里尼机械有限公司总经理 陈灵军

样本意义

“领先是一种智慧，更是一种态度。”专心做好每一个产品，绝不盲目扩大生产，所有产品品质的稳定性、可靠性都可以与国际知名品牌媲美。在浮躁的商界，这份专注难能可贵。

走进台州博拓里尼机械有限公司展示厅，所有产品的样机一字排开，每台机器都凝聚着博拓里尼团队的心血。在总经理陈灵军带领下，博拓里尼机械成为中国精密流体传输设备行业的知名品牌。

应运而生 走自主创新之路

初入社会，陈灵军误打误撞进入流体传输设备行业，凭借刻苦钻研和在机械操作方面的天分，短短两年，就让他尝到成功滋味，也进一步激发起他对这一行业的浓厚兴趣。2008年，他创办了台州博拓里尼机械有限公司。

创业初期，博拓里尼主营方向与当地大多数加工厂一样，产品主要以仿造为主。然而，激烈的市场竞争让陈灵军意识到，一味跟在别人后面只能分到残羹冷炙，是行不通的，要想在市场占有一席之地，必须要掌握自己的核心技术。于是，他及时调整产品方向，亲自组织厂里技术人员，经过日夜钻研，反复试验，终于在2010年成功研制出首台自主研发的高压清洗机产品；2011年，又推出了高压柱塞泵产品，比国内同类产品在性能、功能和稳定性等方面大幅提升，产品一经推出，便受到市场欢迎。目前，公司产品在国内市场占有率达95%。

此后，博拓里尼不断创新，保持每年多个新产品投放市场的发展速度，并以先进的技术、稳定的质量、可靠的性能及优惠的价格，胜于意大利、美国等国外产品，走上一条以高端精密的流体传输设备为核心产品的发展道路。产品广泛应用于重工机械、环卫机械、海水淡化工程及医疗化工等领域。

匠心精工 品质筑立根基

陈灵军一直有个梦想，就是将博拓里尼品牌打造成中国流体传输设备行业的领先品牌。因此，他在科研上不计成本，投入大量的人力物力。研发期间，他对公司研发人员讲：“别人的企业先定成本再谈研发，在我这里你们只管研发，失败、零件报废造成的一切损失由我来负责！”他重金聘请拥有该行业多年研发经验的资深师傅，亲自参与设计研发，对产品质量精益求精。正是这种一心钻研的精神，让博拓里尼产品大大提升了品牌的含金量。

在全球化背景下，小微企业也要有与国外企业同台竞技的雄心。在一次国际设备展会上，陈灵军发现德国一家公司生产的一款产品，无论在技术还是性能上都非常优越。于是，他不惜花重金购买回国研究，汲取对方先进的设计理念，对该机器存在的技术缺陷进行科研立项，跟着公司科研人员一起研发、改进，最终青出于蓝而胜于蓝地研制出一款更高性能的产品。后来，德国那家公司负责人看到这款产品，赞不绝口。

经过不断的学习和改进，博拓里尼产品经过国内专业鉴定机构测试，技术要求和品质均跻身于国际先进水平之列，产品还远销日本、韩国和欧美等地，也提升了博拓里尼品牌的国际知名度。

精益求精 发展腾飞之翼

"您建议就是我进步！您满意就是我目标！"陈灵军说道。

博拓里尼始终凭着工匠精神，坚持"以客户需求为中心，比承诺做得更好"的经营理念，力求为客户提供高性价比产品及优质服务。博拓里尼非常重视用户意见和建议，在每款新产品推出后，都安排经验丰富的师傅上门安装，现场教学，并后续跟进，收集用户反馈，然后根据反馈改进产品，大幅度提升产品性能。

"有缺陷的产品就是废品，绝不能流出厂区；谁砸博拓里尼牌子，我就砸谁饭碗。"陈灵军对导报记者说，求质不求量一直是博拓里尼公司坚持的准则。

为了给客户提供更好的产品，陈灵军坚持不盲目扩大生产，而是专心做好每一个产品。所有产品品质的稳定性、可靠性都可以与国际知名品牌媲美。如今，博拓里尼凭着优良产品品质和服务，在市场上建立起良好的口碑和信誉。

优秀人才是科技创新的核心，博拓里尼构建多种人才激励机制，设立工龄奖、创新发明鼓励奖。此外，还积极与省内外众多科技高校联姻寻求合作，通过企业和高校人才交流互换，弥补彼此不足，借用高校人才集中、信息灵通和实验设施先进的优势，为博拓里尼研发新产品提供技术支持，解决生产中遇到的技术难题。

“领先是一种智慧，更是一种态度。”当今，博拓里尼坚定走自主创新之路，不盲目跟风，专注流体传输设备优势领域，不断做精做强，致力于成为国际一流的流体传输设备供应商，并在世界经济版图上找到自己的坐标。

世博新材：
大举引智，“塑料米粒”也放光华

通讯员　吴学究/文

创业悟语

无论是过去、现在，还是未来，具备匠心的人才始终是我们企业的第一资源。

——浙江世博新材料股份有限公司董事长 陈思汕

样本意义

21世纪，人才最珍贵。世博新材就是这样一家始终坚持人才战略、依靠科技创新促进企业转型发展的企业，本着人才的优势，从传统的塑料造粒厂成功转型为研发生产高性能改性材料的国家高新技术企业。

本着“人才是企业的第一资源”的理念，浙江世博新材料股份有限公司以人才建设为核心，以技术创新为手段，不断提高产品核心竞争力，实现了企业经济效益的持续增长。2015年5月，公司在全国中小企业股份转让系统（即新三板）挂牌，成为温州市苍南县首家挂牌上市企业。2016年公司产值达到1亿元，比2011年增长了近5倍。2016年、2017年连续两年，被温州市人民政府授予温州市高成长型企业。

穷小子逆袭求人才的佳话

陈思汕的创业路其实就是一段穷小子逆袭求人才的故事。世博新材料成立于2004年，原名叫苍南县慧丰塑料有限公司，老厂房位于苍南云岩乡凤山新村。慧丰是典型的粗放型家庭小作坊，产品单一、科技含量低，年销售额仅150万元上下，公司更一度陷入资不抵债、濒临倒闭的困境。“2007年，我以注资者身份正式接手这家企业，当时的想法是：企业一定要转型升级，必须提高产品本身技术含量，而这主要依靠人才。”

陈思汕随后立刻开启“到处物色人才”模式，但求才之路并不顺畅。“我一个穷小子，加上那时候企业位置偏僻、基础差、规模小，并无任何影响力，技术人才根本不认可我们，又怎么会愿意来呢?”

碰了一鼻子灰的陈思汕并未轻言放弃，他说：“很多人好不容易走到了100步，发现没成功就甘愿放弃，殊不知也许成功就在第101步。”陈思汕常常巧妙地打出感情牌，三顾茅庐不行，那就五顾、十顾茅庐。

一回生二回熟，温州大学、浙江工业大学，甚至是清华大学的技术人才，都慢慢被陈思汕的真情所打动，开始陆续前来进行技术指导。2010年，陈思汕果断引进“塑料改性工程材料”项目，看准时机，快速上马，新产品生产仅半年销售额就达到800万元。在他的努力下，世博新材的产品由过去的单纯配套加工转向自主研发、自主经营。同年，多种产品入围苍南县高新技术产业化重点扶持项目名录，并荣获科技进步三等奖，企业也因此被认定为国家高新技术企业。

2012年，企业再次迎来大转折。为了得到中科院宁波材料所高分子材料领域权威专家付俊博士（博士生导师）的加盟，陈思汕三赴宁波诚挚邀请，终于用诚意打动了付俊博士，引进其领衔的技术团队，合作共建高性能电子电器新材料工程研发中心。半年后，陈思汕又借助这一平台，成功搭建博士后工作站，他的小小“塑料米粒”厂终于迎来了曾留学美国、德国等国的高端技术人才。2013年，依托博士后工作站引进华中科技大学聂磊博士主持研究“耐铜蚀聚烯烃系列材料研制”项目，获得国家创新基金项目立项支持。2016年，引进国家千人计划人才杨守峰教授。此外，还不断加强公司与高校间的人才培养合作，建立浙江工业大学研究生实习基地，为发现并留住优秀人才创造机会。通过产学研合作，公司的科研实力得到进一步提升，公司的技术人才团队还入选了苍南县首届重点企业创新团队，2017年获得苍南县人才工作示范单位、温州市重才爱才先进单位等荣誉称号。

坚持科学管理，健全企业科技创新工作机制

科技管理对企业的科技创新工作具有至关重要的作用。近年来，公司坚持完善科技管理各项制度，形成有利于企业自主创新的工作机制。一是全力保障科研经费投入。公司每年以不低于销售收入5%的资金作为企业研发经费，用于支持企业科技项目研发和成果转化，并逐步提高技术人员的工资待遇和考核奖励，激发人才的创新热情。二是全力打造科技示范企业。对照科技企业的建设标准，制定了企业研发战略及规划、研究开发项目管理、科技成果应用管理和知识产权管理等一系列制度，并获得政府部门的充分肯定。2010年，公司被科技部等四部委认定为国家高新技术企业。2011年，被市科技局认定为温州市企业研究开发中心。2012年，公司与中科院宁波材料工程研究所达成共建“高性能电子电器及汽车专用新材料工程研发中心”，入选省引进大院名校共建创新载体。2014年，被市经信委认定为温州市企业技术中心。三是全力推进企业标准化和产品认证。牵头建立了改性PC、PA、PP等系列产品的企业标准。公司生产的环保系列产品通过欧盟RoHS指令相关技术标准认证，PA、PC系列产品通过了美国权威机构UL认证。

这些年来，世博新材先后主持承担国家创新基金1项，各级科技项目8项，开发省级（工业）新产品近20项，实现新产品产值2亿多元。获得专利授权20项，其中发明专利5项、实用新型专利15项。有12项科技成果通过科技部门登记认证，先后获得温州市科技进步三等奖、苍南县科技进步二等奖、三等奖等。2015年世博新材成功在北京产权交易所新三板挂牌上市。

继续发展人才战略，谱写宏伟的新华章

在公司未来的新材料研发中，3D打印耗材是重点课题。陈思汕认为，3D打印制造技术将受到越来越高的关注，与机器人技术、人工智能技术一起被称为推动第三次工业革命的关键技术，成为国内外竞相部署的战略性新兴产业之一。

据介绍，世博新材利用过去多年积累的工程塑料加工改性、配方及工艺数据，结合项目负责人掌握的先进核心技术，针对汽车、电子电器和医疗等领域难加工、个性化零部件直接成型产业对多品种、高性能3D打印材料的需求，开发增材制造专用耐高温高强度工程塑料，并完善其规模生产工艺，以降低国内3D打印技术研发、开发及生产成本，消除与国外在3D打印耗材领域的差距。

陈思汕介绍，他们将充分发挥人才优势，开发更多、更全的新材料技术产品，填补国内空白，达到国际先进水平；同时积极对接资本市场，发挥直接融资的优势，在未来3~5年内使公司销售额达到10亿元以上。新三板上市只是公司进入资本市场的第一步，未来的世博新材将启动IPO，扩大“世博新材”品牌市场占有率，成为特种新材料领域的国际领军企业。

鸿鹏汽配：
在专业领域寻求三赢钥匙

通讯员 张为婕/文

创业悟语

曾经创业的艰辛历程，诠释了成功在于坚持的真谛。一路走来，我们企业一贯秉承着“努力、专注、追求、卓越”的信念，诚信经营，周到服务，生产优质产品，争创一流企业！

——温州鸿鹏汽配制造有限公司总经理 林振长

样本意义

这是一个不断超越自我的企业，在生产经营中始终将安全、环保放在首位，注重品牌与质量，同时善于深挖客户资源，坚持与时俱进，倡导以提供优质服务赢得口碑，促使客户、员工、企业三者达到共赢。

一踏进温州市洞头区杨文工业区的鸿鹏汽配厂，耳畔陆陆续续地传来机器的轰鸣声。工人们穿戴着统一的工作服，坐在机器前忙碌。焊接、碰焊、镜面处理、冲压、压机、装配零件，经过一系列严格的工序，一件件优质的汽配零件新鲜出炉。作为一家有着二十多年历史的汽配企业，鸿鹏汽配一直专注于汽车零配件的研究、开发、生产、销售，从未止步。

从汽配厂到汽配制造有限公司，从几个车间到占地几千平方米的厂房，从国内走向国外，二十几年来，温州鸿鹏汽配制造有限公司以匠心精神一步步突破研发难题，建立起自己的特色品牌。本着“人无我有，人有我优”的经营理念，鸿鹏汽配再一次自主创新，于细小之处见真章，对设备进行了技改，深耕于汽车零配件的研究、开发、生产、销售，让国内汽配产品扬帆远航，走出国门，走向国外高端市场。

抓住商机稳扎稳打

20世纪80年代，时为拖拉机司机的林振长，在10年的开车和自己修车过程中，发现汽车零部件的损耗十分巨大，而对于价值不菲的汽车而言，汽车配件就是整车不可或缺的组成部分，必须定期及时更换，确保安全。早期，温州本土的汽配零部件主要依托于台州市场，洞头全城更是依赖于外地引进。当时洞头作为一个偏远海岛，进出交通只能依靠船舶航运，而水路运输时间长、效率低，大大影响了工作效率。

凭借自身过硬的维修本领和对汽车零部件的了解，他灵敏地嗅到当中的商机，并且发现该市场前景广阔。1997年，他当机立断，带领十几个人，投资几万元，成立了洞头振兴汽配水泵厂，从事汽配生产。作为一家刚刚成立的小厂，又面临着交通不便、资源短缺的困境，如何打开市场就成了摆在林振长眼前的难题。为了近水楼台，林振长将生产销售市场的重心放在了汽配行业较为发达的台州地区。他稳扎稳打，不求发展快，只求市场有口碑。经过近十年的发展，林振长的汽配事业渐渐有了起色。

从家庭作坊到规范化企业

到了2005年，林振长响应温州当地政府号召归乡发展，果断放弃在外地铺开的市场，抓住瓯洞一体化的机遇，重新在洞头杨文工业区购买十几亩土地，投资扩建了7248平方米的新厂房，注册资金达318万元；2006年因发展需要，他将原来的厂名变更为温州鸿鹏汽配制造有限公司。与此同时，一条规范化的生产流水线应运而生。

林振长把研发生产汽车底盘零配件作为自己的专业，把国内外一流产品作为自己的参照系，精益求精，陆续研发制造了6大系列500多个品种的产品，主要有悬挂控制臂、转向节，横直拉杆总成、上球头、下球头、主付邦汰等系列，目前企业已经拥有几十种车型配件的生产能力，年产值超千万元，固定资产4000多万元。

林振长说，“正因为历经了创业的艰辛，所以才万分珍惜来之不易的市场，保持着‘努力、专注、追求、卓越’的初心，诚信经营，周到服务，生产优质产品。”

他给公司注册了恒冠商标，意为“永恒的信念，冠军的目标”，以永恒之冠作为企业的文化载体。这也体现了林振长的雄心——努力拼搏，做行业佼佼者。为了让员工树立起恒冠的品牌意识，树立起“质量兴企”理念，他在企业的每一个场合都向自己的员工灌输“以质量为生命、以品牌为导向”的理念，与技术工人们一起强化技术服务质量，提高产品市场竞争力，努力提升企业的品牌价值，用高标准、严要求来不断开拓国内外市场，做汽配行业的排头兵。

通过多年的努力拼搏，从无到有，从小到大，温州鸿鹏汽配制造有限公司从一个只有十几名员工的小厂到目前成为拥有一百人左右的骨干企业。自成立以来，林振长一直高度重视品牌管理，诚信经营，强抓质量，产品采取“人无我有，人有我优”的战略，以合理的价位、优质的服务态度为宗旨，并将产品研发工作放在首要位置，进行研发立项，申报科技项目。从2008年开始先后完成了7项洞头区科技计划项目，2013年至今申请获得了8项国家级实用新型专利和两项发明专利。

厚植创新力，锻造新优势

温州鸿鹏汽配制造有限公司是浙江省第一批科技型企业和温州市科技型（创新）企业，多年来获浙江省、温州市及洞头区诚信民营企业、温州市诚信民营示范单位、科技型企业、成长型企业等多项荣誉称号。

2012年，林振长发现高端车的零部件市场缺口大，于是在国内率先进行开发，冒着"国内用户可能不接受，国外用户可能不认可"的风险，光模具就投入近千万元。没想到一经推广，就得到了国内外客户的认可，产品被广泛应用于各种高端车，并成为来自英国、俄罗斯、迪拜等几个大客户的指定产品。

鸿鹏汽配多年来由于坚持诚信经营和强抓产品质量，产品品质、价位均深受国内外客户的青睐，企业也由此建立了一套完善的销售网络，足迹遍布欧洲、美洲、中东、东南亚等地区及国内的各大城市。

公司强调以科技兴企，现在企业投入巨资，拥有机加工、冲压、装配等四大车间，大小设备160多台套，建立了完整高效的生产线，同时大张旗鼓地引进高素质的专业技术人才，在企业内建立先进严密的质量管理体系。林振长表示："我们的产品在国内外客户群中的认可度是比较高的，在同行业中也做得比较好，外贸产值基本占总产值近一半，而专注于产品品质、提供优质服务等方面都是我们企业的命脉所在。"

三

『小而美』

关键词 节能环保

节能环保：身体力行“两山”理论

“绿水青山，就是金山银山。”浙江是“两山”理念的诞生地、样板地，同时又成功探索形成了“两山”转化的成功经验。

“经济越发展，越要重视环境保护和生态建设”。这是浙江一直坚持的发展逻辑。正是因为坚持这样的路子，浙江经历了经济翻天覆地的巨变，唯一不变的是它傲立全国的发展质量——在坚持经济发展的同时，浙江的生态环境改善连续多年位居全国前列。

对浙江人而言，通过“政府之手”“市场之手”，把绿水青山转化为名副其实的金山银山；通过“资本之手”，进一步巩固、完善绿水青山。城市与农村、资本与资源、农业和工业、青山与金山正在浙江发生奇妙的“化学反应”，“绿水青山就是金山银山”的生动故事几乎每天都在上演。

在固废处理行业，湖州森诺氟材料科技有限公司生产的森诺膜知名度一直都很高，它开发出了国内首台PTFE高能膜新型膜蒸馏器，又研发成功微生物处理系统，彻底消除了固化填埋工艺带来的潜在环境和生态风险这一难题。

“让人们吃上安全健康的中药材”，这么纯粹的愿望推动了浙江兰溪锦荣生物科技股份有限公司的诞生。如今，锦荣生物在农业现代化与食品安全上，已然成为行业表率。

“真正的环保是要做到自然生态平衡，让当地的水环境与地理环境相适应，那才是真正的和谐，也是我追求的最终目标。”立志做水处理领域“最强大脑”的达斯玛特科技有限公司董事长陆大培这样坦承自己的创业理想……

掘金生态环保领域，对浙企来说并不是什么新鲜事。伴随“两山”践行的深化，民间资本介入“绿水青山”产业的范围更广、程度更深。

锦荣生物：
铁皮石斛的“绿色守望者”

记者 何颖/文

创业悟语

我们瞄准的是高端市场。随着供给侧改革的推进，人们对于生活品质的追求会越来越高，尤其是吃到嘴里的东西，我相信，只要产品好，一定会有人欣赏，也一定会有市场的。

——浙江兰溪锦荣生物科技股份有限公司董事长 马国荣

样本意义

"让人们吃上安全健康的中药材"，这一宗旨从白纸黑字落实到货真价实的产品上，需要走上很长的一段路。巨额投资的智能设备、好水好空气的择居环境、持续研发的生物科技、全程严苛的质量管理，一一到位，才抱来了森博会金奖和市场金口碑。

"让人们吃上安全健康的中药材"，这个纯粹的愿望推动了浙江兰溪锦荣生物科技股份有限公司的诞生。如今，锦荣生物在农业现代化与食品安全上，已然成为行业表率。2017年9月7日，锦荣生物在新三板挂牌上市，这是兰溪首家登陆新三板市场的农业企业。

从汽配跨界到农业，就为舌尖上的安全

在创办锦荣生物之前，马国荣在杭州做汽配、建材等生意，而且生意做得都不错。

"为的就是让大家吃上安全健康的中药材。"说起创办初衷，浙江兰溪锦荣生物科技股份有限公司董事长马国荣告诉导报记者。

2013年，马国荣的一位朋友身体抱恙，就托他购买一些高品质的铁皮石斛来调理身体。然而，寻遍市场，

马国荣都没能找到合适的铁皮石斛。

作为一个生意人，马国荣看到了其中巨大的商机。“为什么不自己来种植高品质的石斛呢？”

其实，在当时，种植铁皮石斛并不是一个很恰当的时机。

随着铁皮石斛产业价值不断提高，资本扎堆跟进，种植面积不断扩大，从2013年开始，铁皮石斛收购价就连年下跌，石斛产业发展进入瓶颈期。

但在马国荣看来，却是一个机遇。“虽然这几年的行情不理想，但我认为，3~5年后情况会有所改变。”马国荣解释，铁皮石斛是多年生植物，一株铁皮石斛种植后的五六年间都可以剪其成熟的茎。2012年后的几年间，许多人跟风种植，而这些人将在这批铁皮石斛完成周期后，重新面临是否要继续种植的选择。

“更为重要的是，我们瞄准的是高端市场。随着供给侧改革的推进，人们对于生活品质的追求会越来越高，尤其是吃到嘴里的东西，我相信，只要产品好，一定会有人欣赏，也一定会有市场的。”

在马国荣看来，要在源头上把控产品质量，做高品质的铁皮石斛，首先就得有一个好的环境。“只有水好、空气好，才能种出回味微甘的好石斛。”他说，如果水质不好，种出来的铁皮石斛容易酸涩，更不用提滋补功效了。

于是，2013年，马国荣投资4000万元，在兰溪建设了占地394亩的全智能栽培基地。他选择了栽培难度大但营养成分高的铁皮石斛品种“圣兰8号”，通过全自动肥水配比、灌溉等先进技术，进行无公害铁皮石斛生产。

2016年，马国荣的第一批7吨铁皮石斛上市，每斤售价800元，远高于普通铁皮石斛的售价。为了与其他铁皮石斛区分开，他放弃传统的批发渠道，借助微信等直接向高端消费者营销。他说，当年的铁皮石斛基本卖完了，市场反响很好。

“我们的生产力不是劳力，而是科技”

记者到锦荣生物采访的当天，恰逢大雪，室外温度低于0℃，而走进锦荣生物的智能玻璃温室，却感受到阵阵暖意。室内温度计显示，19℃。而享受温暖的是刚从组织室内出来的铁皮石斛小苗。

“我们这个温室可不一般，是全智能化的，面积2880平方米，规模在全省排老二呢。”马国荣自豪地说，温室内的温度、湿度、循环风等按照设定会自动调节，保持铁皮石斛仿野生栽培的环境。

而走进该公司的连栋大棚，更觉与众不同，满眼尽是几字形的钢架，钢架上摆种着的铁皮石斛大苗有六层。马国荣告诉记者，这是他们和浙江大学农学院开展的立体式栽培试验，已经申请实用新型专利。普通栽培技术，土地利用只有60%左右，而采用这种立体式栽培，土地利用率达220%，比普通栽培提高2倍以上。

在马国荣看来，发展现代农业的基础就是科技。

所以，在锦荣生物成立之初，马国荣就为公司定下了发展优质、安全的高端养生中药材的目标。

马国荣对于产品质量的追求近乎苛刻。“铁皮石斛的生长非常神奇，它的幼苗是从老苗的根部生发而出，在养育了三四年的铁皮石斛原生土壤上，同时会有三年生、二年生、一年生的铁皮石斛在生长。我们专家团队经过大量实验数据反复地对比，来确定这些不同年份石斛什么时候药用有效成分含量最高、多糖含量累计最高。”

在锦荣，什么时候去采摘石斛花，怎么去采收石斛花，都有一套标准的流程。锦荣一直致力于建立一个完整的、全链条的、可追溯的管理机制，从药材的育种、栽培到采收，锦荣在每一个环节上都实行严苛的质量管理，确保每一件锦荣产品都是安全的、健康的。

在锦荣栽培基地，全程实行有机栽培，不施农药、化肥，就连浇灌的水都是从山里引来的山泉。

锦荣生物现已获得了三项实用新型专利：立体栽培苗床、铁皮石斛桶式气雾化栽培装置、巴西人参栽培装置，两项外观设计专利。

正是基于强大的科技实力，锦荣生物基地种植的石斛有效成分含量比一般水平高20%以上，锦荣牌石斛更是2015年、2016年连续两年获得中国义乌国际森林博览会金奖。这可是会上石斛展区唯一一家获得金奖。

2017年9月7日，锦荣生物在新三板挂牌上市。不过，马国荣并没有沉浸于现有的成就中。在他看来，挂牌新三板，只是锦荣生物新的开始。“我更关注的是如何延伸铁皮石斛的产业链，做大蛋糕。”

达斯玛特科技：
做水处理领域的“最强大脑”

记者 安宇 实习生 王尹希/文

创业悟语

真正的环保是要做到自然生态平衡，让当地的水环境与地理环境相适应，那才是真正的和谐，也是我追求的最终目标。

——达斯玛特科技有限公司董事长 陆大培

样本意义

健康环保是当今的热词，孕育出无限的商机。在青山绿水的大氛围下，造个环保概念，再辅以宣传造势，也能大捞一笔。但“吹尽黄沙始见金”，市场、社会最终只会给那些脚踏实地、有真正环保情怀的实业者投上一票。“不吹牛，做实事，靠自己的本事做环保。”我们要为这种情怀点赞。

2005年8月，时任浙江省委书记的习近平同志在浙江安吉余村考察时，提出了“绿水青山就是金山银山”的科学论断。十多年来，无数的企业将生态作为可持续发展的最大本钱，在实践中把“绿水青山就是金山银山”化为生动的现实。

在山清水秀的青山湖科技城，就有这么一家致力于生态环保的企业——达斯玛特科技（杭州）有限公司。作为青山湖科技城高层次人才创新创业项目从加拿大引进的A类人才支持项目，董事长陆大培博士始终致力于污水治理，为浙江省尤其是临安市的“五水共治”创造出良好的环境及社会效益。

高才生“弃文从商”

初见陆大培博士，便觉其人憨厚质朴，很难将他与“学霸”一词画上等号。

“我在武汉理工大学读了本科和硕士，随后又留学加拿大麦吉尔大学攻读博士，学的都是环保处理相关专业。”

博士毕业后，陆大培留在麦吉尔大学担任讲师兼职教授。然而随着社会经济快速发展，全球环境也悄然改变。作为九十年代的知识分子，他逐渐意识到环境治理的重要性。怀着对环境治理的责任与义务，他决定“弃文从商”，投身社会建设。

陆大培最初去了蒙特利尔一家卫生填埋场做设计，他积极对接国内市场，为中国第一个双膜卫生填埋场——深圳下坪固体废物处理填埋工程，提供了可行性的研究与技术服务。

一年半后，他又进入一上市公司，积极投身于国内的经济建设。那些年，他大力引进国外先进技术与设备，参与了长江三峡水利工程、南水北调中线工程、大连和宁波镇海石化再生水处理与回用等多个项目。

随着世界范围内环保法规的日趋严格以及人们环保意识的不断增强，有着敏锐商业嗅觉的陆大培意识到，环保产业将大有前途。于是，陆大培回到温哥华，创立了达斯玛特。作为环保领域的国际一流学者，他怀抱多年的系统研究和实际项目经验，把世界上最先进的环保技术和理念带回了中华大地。

水处理需层层把关

回首创业至今的二十多年，陆大培始终关注着中国的环保产业，尤其在水处理技术方面，他潜心研发了多项高效污水处理新技术，如今已拥有领先于国内多项污水处理和中水回用及零排放的专利核心技术。

据介绍，由于技术独特领先，达斯玛特近年发展迅速，已成功取得并完成多个项目。如120吨/小时焦化废水的MVC回用与零排放项目，该项目为全球焦化废水第一次应用先进的双级双效MVC技术，尤其使用了自主研发创新的自动除垢系统，使其运行达到每吨水耗电不到10度，远较常规的20～30度电节能，大大降低了企业的环保治理成本。

“做工程首先需要技术上的可操作性，在达到国家标准、客户要求的前提下，再考虑经济上是否可行，而不能一味地考虑经济效益。”陆大培把世界上先进的理念和技术带回国内，带来的不仅是污水处理的高科技，同时也带来了为中国环保行业奉献全部力量的决心。

如今，达斯玛特的客户多以石油化工、制药、颜料、造纸等工业领域为主导，陆大培坦言，工业废水的处理是个技术活，因为成分有差异，因此每一种污水都必须有针对性地做方案、做实验、做设计。“水处理需要层层把关，这就使得技术本身也具备挑战性。”

谈起做水处理的初衷，陆大培表示，除了自己掌握对口的专业理论知识外，也是因为认识到包括细菌繁殖、氮磷污染、毒性污染等带来的危害难以预计。“真正的环保是要做到自然生态平衡，让当地的水环境与地理环境相适应，那才是真正的和谐，也是我追求的最终目标。”陆大培说。

他坦言，在国家几次大规模的环境整治后，很多企业对环保的重视程度有所提高。“做好水处理，一定要做好水量与水质的双控制。”但纸上谈兵容易，实际操作依然难度巨大，这就需要攻破技术上的层层关卡。“水处理要求每一个环节都处理到位，水处理就是要每一步都稳扎稳打，没有任何捷径。而经济发展，决不能以牺牲环境为代价。”

持续推进环保产业发展

从加拿大到北京，再辗转武汉最后扎根浙江，落脚青山湖科技城，陆大培很是感慨。

“我之前在别的城市创业，所有的精力都放在公司运行和做工程项目上，实在没有闲暇去关注当地的人才政策，直到碰到青山湖科技城人才服务中心的工作人员。”

陆大培告诉记者，他辗转国内外，从没有碰到过如此“热情主动”“想你所想”的人才服务团队。在青山湖科技城人才服务中心工作人员的引导和对接下，陆大培填写了几个表格，经过一番决策程序，很快就获得600万元的政府产业发展资金。“浙江的创业氛围很浓厚，青山湖科技城更是政策洼地，政策有优越性、资金到位率高、扶持企业的力度大。”

有了政策在背后扶持，陆大培更能潜心为环保事业做贡献。2015年5月，随着达斯玛特科技入驻临安青山湖科技城开展业务，陆大培及其团队进行了卓有成效的研发工作，相继开发了一系列国内领先的先进工艺和处理设施。如新型高效磁分离系统，用于矿井水处理和回用；BEST处理剂，用于黑臭河水体的污染治理；气浮滤池DAFF工艺，处理湖泊高含藻水的研发；MVC工艺，用于高浓度盐废水的预处理和零排放等。这些科技成果取得了一项发明专利和多项软件著作权。

如今，达斯玛特科技的一系列技术研究对节水和达标排放保护环境，具有良好的现实和社会意义。面对公司的未来发展，陆大培表示将带领团队继续推动浙江及中国环保业的发展，争做水处理领域的“最强大脑”。

"目前，公司在主营领域已经有了一定的知名度和客户对公司的认同度。接下来，我们将继续发挥在高难度工业污水处理领域技术领先的优势，逐步做精、做强，树立公司在专业领域的良好口碑，紧抓市场开拓和一切商机。"

"不吹牛，做实事，靠自己的本事做环保。"陆大培告诉记者，这是父亲对他的忠告，他始终牢记并将继续坚持着这份初心。

森诺：
打造国内环保科技领域的领头羊

记者 夏燕 文/摄

创业悟语

办企业就是整合资源，把最优秀的人才集聚起来，毕其功于一役来研发技术，小微企业也可以迅速做大做强。

——湖州森诺氟材料科技有限公司总经理 俞锦伟

样本意义

团队的建设及稳定、产品的创新及研发、人才的引进与维护、设备的自动化改造与更新、管理的规范与提升，森诺用它的实践破解了"小而强"的所有奥秘。

在化工领域，聚四氟乙烯被称为"塑料王"。

和其他塑料相比，它具有耐腐蚀等特点，如今已被广泛应用于密封材料和填充材料，在化工、机械、电子、电器、军工、航天、环保和桥梁等国民经济领域中起到了举足轻重的作用。

湖州森诺氟材料科技有限公司就是一家专业研究生产膨体聚四氟乙烯（PTFE）微孔膜及其相关复合材料产品的高新技术企业。虽然成立的时间不长，但这家当初固定资产仅300余万元的小微企业，已经获得了多项科研头衔——针对国内垃圾焚烧的飞灰处理，创出国内第一款高效膜蒸馏器；开创膜蒸馏工业化的运用先例，填补国内29年膜蒸馏工业化应用的多项空白，破解了一项世界性难题……

成立短短几年，就破解世界环保难题，领衔行业技术，这对很多企业来说都是遥不可及的事，森诺是怎么做到的?“办企业就是整合资源，把最优秀的人才集聚起来，毕其功于一役来研发技术，小微企业也可以迅速做大做强。”对此，公司总经理俞锦伟说。

进军氟材料细分领域

在固废处理行业，森诺膜的知名度一直都很高。此前，企业涉足环境工程、水资源循环利用和重金属分离技术应用、危险固体废弃物的无害化与资源化利用等多个研究领域。

近几年，森诺开展“膜蒸馏工业化运用技术”和以“膜法垃圾飞灰资源化利用”技术架构为核心的延伸技术研究，并取得突破性的成果，开发出了国内首台PTFE高能膜新型膜蒸馏器。据悉，这种工艺采用了飞灰水洗后进行膜蒸馏法脱盐及杂盐分离技术，水洗后的飞灰进入水泥窑焚烧去除二噁英后，可直接作为水泥骨料资源化利用，飞灰中的盐洗入水中，最后结晶出的工业杂盐也可进行资源化利用。

实现首个突破后，森诺又继续研发成功了微生物处理系统，成为垃圾飞灰处置方面的一大创新。微生物处理系统通过引入微生物淋浸技术，实现了飞灰中重金属的再次资源化利用，节约了大量土地和填埋场地，彻底消除了固化填埋工艺带来的潜在环境和生态风险。

“森诺成立已有7年时间，一路走来，创业的过程充满艰辛，在发展中也遇到了很多帮助支持我们的人，才有了今天的成绩。更重要的是，对产品研发的执着，成就了企业的快速发展。”俞锦伟认为，对森诺而言，产品创新及研发就是企业自始至终的核心竞争力所在。

“我们的产品主要包括应用于大气除尘及空气净化的（ePTFE空气过滤

膜）系列产品；应用于服装行业的防水透湿及防护用（ePTFE服装膜）系列产品；应用于液体过滤、污水处理的（ePTFE亲水型过滤膜）系列产品；应用于医药、食品、生物工程等行业的（ePTFE除菌膜）；应用于电子、散热防水型透气组件、屏蔽材料的（ePTFE防水透气膜）系列产品。”俞锦伟介绍，企业目前拥有两条制膜生产线，年产ePTFE微孔膜600万米，拥有各类复合生产线5条，具有对多种过滤材料及服装面料进行复合的能力。

目前在森诺，专门设置了空气过滤、水过滤、服装、医用电子四大功能事业部，专门负责各类聚四氟乙烯微孔膜及相关复合材料的生产及销售。企业还和浙江工业大学联合成立了膜研究院士工作站，内设研发机构，有固定的研发人员长期从事新产品的研发检测。

“我们还与当地高校及膜材料研究机构进行技术合作，共同研究开发符合市场需求与导向的新型产品。公司现有发明专利15项，实用新型专利40项，今年被评为了湖州市专利示范企业。”俞锦伟透露。

下一站，环保科技领域“领头羊”

采访中，谈及“小而强”的秘诀，他表示团队的建设及稳定、产品的创新及研发、人才的引进与维护、设备的自动化改造与更新、管理的规范与提升以及专业的服务都是关键因素所在。

以人才为例。一个事实是，目前森诺共有员工54人，其中拥有大专以上学历的员工就有10人，占公司总人数的比例为20%。为了打造一个高凝聚力的团队，森诺实行了绩效与收入挂钩机制，保证员工收入每年有10%左右的增长。

人才之外，设备的自动化改造也是企业近年来升级的一个重点。

“我们对部分生产线进行智能化改造，添加设备后，线上人力需求从原来的8个人减少到5个人，生产效率和产品质量也都有了明显提高。”采访中，俞锦伟告诉记者。

作为一家小微企业，森诺如今的发展势头喜人，不过，面对经济新常态，它也遭遇了成本上升、环保压力等难题。

俞锦伟表示，今年氟材料价格飙涨，和去年同期相比，其价格平均上涨了60%左右。如何消化这些成本？森诺给出的答案是：高质量发展，提高产品的附加值。

“推动高质量发展是当前和今后一个时期确定发展思路、制定经济政策、实施宏观调控的根本要求，这意味着我们需要从长远发展目标的实现、从建设现代化经济体系的角度，加快形成推动高质量发展的指标体系、政策体系、标准体系、统计体系、绩效体系、政绩考核，创建和完善制度环境，而不必过度关注经济增长的短期波动。”俞锦伟说，对森诺而言，高质量发展的关键就在于提高全要素生产率。

采访中记者了解到，不跑销售、没有贷款，目前森诺已有6家做环保工程和固废液处理的环保公司，多项技术在国内均处于领先地位。

森诺作为全国第一家把膜蒸馏技术工业化的企业，创立之初就抢占了工业废水处理市场的半壁江山。时至今日，面对愈加广阔的市场，俞锦伟坦言有足够的信心在5年内把森诺打造成为国内环保科技领域的领头羊。

“绿水青山就是金山银山，在践行这个理念的过程中，我们也期望贡献自身的绵薄之力。”对于未来的发展蓝图，他这样描画。

加百列：
生态益生菌领导者

记者 夏燕/文

创业悟语

环保是一份事业，需要一代代人继承下去，传播开来。

——浙江加百列科技生物有限公司董事长 张冲

样本意义

“起步难并不意味着没有市场。”张冲非常明晰自己企业的广阔前景，所以不畏当下所有的付出与寂寞，用十年磨一剑的心态积攒“至千里”的“跬步”——“现在的工作，是为将来做准备，因为最终的盈利点在于让人们吃到安心的食物、喝到纯净的水、生活在更好的环境里。”

在长兴，加百列的知名度丝毫不亚于一些龙头企业。究其原因，是它的“科技”成色异常明显——从土壤修复到有机种植，再到生态养殖、有机废弃物处理，董事长张冲所期望的，是把整个产业都打造成一个完善的循环体系。

加百列的名字取自《圣经》，意思是负责为神传递信息的天使，给人间带来福音。张冲为企业取名为“浙江加百列科技生物有限公司”，就是希望自己的产品可以让被污染的土壤、水和空气得到净化，让人们吃到安心的食物，喝到纯净的水，生活在更好的环境里。

“环保是一份事业，需要一代代人继承下去，传播开来。”他说。

引入益生菌技术

“小时候，我们从来不会为环境污染问题发愁。就像落花腐化成泥，作为养分供给树木一样，是一个自然循环的过程，因为地球有自净功能。”张冲说，现在过度的开发和污染已经成为地球难以承受之重。

回顾创业历程，张冲坦言自己大学毕业后就在杭州工作。由于工作的关系，他时常参加日本爱普生公司组织的培训，因此结识了该企业的一些技术员，并与他们成了朋友，经常一起探讨交流。

在不断的接触、学习过程中，张冲发现爱普生公司除了拥有领先的技术外，还十分重视环保。由此，他产生了去日本学习先进技术及理念的想法。

2002年，经过前期准备，张冲赴日本学习。来到人生地不熟的日本，首先要过的就是语言关。经过一段时间的努力，张冲正式入学日本京都立命馆大学政策科学部学习，主要研究生态环境方向。

从2002年到2012年，他用10年的时间完成了本科、研究生、博士的学习。也正是在这个过程中，他真正接触到了环保领域的诸多尖端技术。

“我看到了益生菌的应用，就想把这个技术带回来。”张冲说，在发达国家，乳酸菌等有益微生物在农林水产业、环保、健康保健等方面的效果已经被认同，并且实际使用非常广泛。

自日本回国后，他便决定自主创业，致力于环保科技和农业科技的应用研究。2012年，张冲入选“南太湖精英计划”领军人才。在湖州市政府的支持下，他在长兴县成立浙江加百列生物科技有限公司，并以此为总部，向全国不断扩散发展。

彼时，环境的变化、城市的发展和对农业的重视让张冲看到了广阔的市场。

“用过农药的土地会慢慢变硬，板结沙化，农作物将难以生长。益生菌就像蚯蚓一样，实现对土地的修复。”张冲说，加百列生态益生菌种植技术主要是通过生态益生菌对被农药、化肥等污染物污染的土壤进行修复，使土壤恢复到最佳状态，改善种植环境。在种植过程中，生态益生菌能促进植物健康生长，预防病虫害的发生，提高产量，还能保持土壤抗氧化性，减轻并逐步消除病虫害及连作障碍。

然而，几乎所有的创业都有一个艰难的开始。由于技术应用在短时间内难见成效，产品在推广初期便遇上了不少难题。为此，张冲和他的团队只能从大户入手，免费提供产品进行试验，希望通过对比，让农户看到益生菌的好。

“土壤改善了，土质变好了，农产品的质量也会好，产量更不用说。”张冲说，后来的事实也证明，起步难并不意味着没有市场，随着循环理念的深入人心，加百列的益生菌种植技术在种植、养殖示范区进行了诸多实际应用，并取得了良好应用效果。

进军环保领域

随后，在上述技术的基础上，张冲又将产品应用于垃圾分类领域，实现垃圾的无害化处理。

“利用微生物发酵的原理，我们通过自主研发，成功让微生物处理设备

'落地'。通过机器的加温、搅拌、恒温、增氧，就能把有机废弃物变废为宝。把污染物再次利用还田，既能解决环保问题，又能解决土壤修复问题，可以说是一举两得。"张冲说，每台微生物处理设备每天可处理2吨厨余垃圾，经过24小时的微生物处理，这些垃圾就会变成初品有机肥料，回到田间地头，重新养树栽花。

眼下，加百列已经在长兴、安吉、浦江、绍兴、宁波、温州等地设立了垃圾有机处理项目基地。

尤其在浦江，更是创建城乡有机固废资源化循环利用模式，建立了利用信息化、数字化及集约网络化物联网云端平台监管垃圾分类处置的新方法，实现了垃圾分类及资源化处理过程中资源流、人流、信息流的有机结合，开创了垃圾分类资源化与智慧城市全面融合的先河。

行走在上述地方的大街小巷，会看到每一户居民门口都摆放着两只垃圾桶，其中绿色的垃圾桶内装着的是会腐烂的垃圾，这一部分垃圾最后将被运输到附近的生态处理中心，经加百列的微生物设备统一处理，最后变成有机肥回到土壤中去。

废弃物成了加百列生产产品的原料，为企业节省了成本，而随着技术的不断研发创新，张冲也有了更大的目标。

"现在的工作，是为将来做准备，因为最终的盈利点是在种出来的农副产品上。"张冲说，人们对于食品安全的重视，让自己看到了无公害、有机食品的市场，今后，加百列将通过微生物产品的应用塑造品牌形象，积累原始财富，在农业上开拓出一片新的天地。

"我们将以长兴为基点，向全省乃至全国辐射。"目前，张冲正在积极主动地和政府对接，计划建立起一个微生物处理中心，把有机废弃物用微生物技术处理成有机肥，以试点的形式推广自身产品，期望让创新技术更好地造福百姓。

德沃生物：
掘金高新生物技术产业

记者 柴丹 通讯员 周春雷 文／摄

创业悟语

德沃的成功，得益于我们强大的研发团队，公司由具有博士、硕士学位的专家从事新产品研发、质量控制及各项指标研究；拥有现代化分析仪器，齐全的、先进的实验研究室及集植物有效成分提取、萃取、层析、纯化、结晶及干燥于一体的现代化工厂。这一切保证了德沃公司在该行业的技术领先优势。

——宁波德沃生物科技有限公司董事长 胡玮

样本意义

咬定青山不放松。德沃把握住满足人们追求美好生活的需求，专注于健康产业的研发，保持一份严谨的初心，坚持从实践中、从科技创新中获取企业优势。正应了那句老话：宝剑锋从磨砺出，梅花香自苦寒来。

一提到胡玮，很多人用“霸道总裁”“海归精英”或是“生物技术顶尖人才”这些词汇来形容他。1981年出生的胡玮有着太多光环：2012年8月入选“宁波市3315重点高层次人才”创业人才、2014年9月入选“浙江省引进千人计划海外高层次人才”、2014年10月入选“国家科技部创新人才推进计划科技创新创业人才”、2016年6月入选第二批中组部“国家万人计划专家”……

由胡玮一手创办的宁波德沃生物科技有限公司如同一匹黑马，在短短8年时间里迅速跃升成行业新星，堪称后起之秀中的佼佼者。他有什么成功秘诀？

放弃加入德国籍，回国创业

“在国外多年，我一直想把所学的专业知识应用到实际的领域，希望有一家属于自己的公司。”作为一个标准的“80后”海归，胡玮的创业之路显得比身边的同龄人更具主动性。

2002年春夏之交，吉林大学本科毕业的胡玮背上行囊，只身一人远赴德国留学，主攻微生物发酵。在德国7年，他有了令人羡慕的工作和生活，并且再过一年就可以入籍。然而对于这些，胡玮坦言，自己并没有太多的留恋，在他的心里，一直埋藏着一个回国创业的梦想。

2009年深秋，胡玮回到父母所在的宁波北仑，投身食品微生物领域。胡玮将自己的公司取名为"德沃"，"德"是取德国和品德的意思，胡玮觉得做公司就是要讲良心，讲诚信。"沃"是肥沃的意思，在胡玮看来也有胸襟开阔的意思。

行内人都知道，食品微生物领域创业比较困难。它涉及一系列的资质问题，理论和实践存有一定的差距，生产设备又极为昂贵。胡玮回忆说，"工厂起步非常艰难，完全是从零起步，没有市场，没有客户，资质不全，没有药厂的标准认证，不能找国外的高端客户。"从零开始的创业让胡玮一度犯难，"那个时候，很久都不着家，到处去跑客户。现在想想，天南地北地跑，半夜搞实验都不算苦，苦的是精神上的压力，完全没有任何可以参照的经验，一切靠摸着石头过河！"

就是在这样的艰难起步中，胡玮和他的团队一边研发，一边跟高校和企业挂钩，进行合作性质的创新，让企业慢慢步入轨道。一年后，公司销售总额约450万元人民币，胡玮及其团队的努力开始得到了回报。

成功挂牌 不忘严谨的初心

企业发展渐入佳境，第二个年头，公司的年产值已过千万，在第五个年头时，公司的增长速度保持在稳定的两位数。

2014年10月，宁波市政府天使引导基金入股，2016年5月25日，宁波德沃生物科技有限公司在甬交所成功挂牌。至此，德沃成为集生产、研发、销售及进出口贸易为一体的高新生物技术龙头企业。

成功后的胡玮并没有放慢脚步，也没有停止内心的深度思考。一个企业想要获得长久的成功，需要什么？这个问题一直在他脑海中浮现，而应对的答案也已然清晰于心。胡玮告诉记者，在德国5年，对自己的影响最大。“德国人严谨的态度令我钦佩。德国人看重两点，一是你的态度，二是你的过程，在德国是绝对不允许造假的。所以，我一直要求我的企业做到脚踏实地，诚实经营，保持一份严谨的初心。”

记者了解到，德沃公司严格按照中国政府制定的药品GMP方案生产动植物提取物，所有生产及质量控制环节均制定了规范化操作规程（SOP），并为每一个产品制定了高于行业标准的内部质量控制标准，从原料进厂，鉴别检测，生产过程到产品出库，公司有着严格的操作程序，具备可追溯的批号跟踪系统，完善的质量控制系统保证了产品的及时和稳定，通过不同的检测仪器，采用HPLC，UV，GC，AA等方法，对不同产品的成分进行检测，确保质量达到客户的要求。

坚持科技创新，为人类大健康服务

如今，位于宁波北仑科技创业园区内的德沃，已经发展成为致力于开发最高品质的植物提取物和医药中间体的高科技生产型企业。拥有多功能植物提取物生产线，提取技术先进，在行业内处于领先水平，可以进行多种植物的提取和来料加工。主打产品有：葡萄籽提取物、松树皮提取物、蔓越橘提取物、红酒提取物、人参提取物、西洋参提取物等。且与国内数十家企业建立了长期合作关系，在北美、欧洲、印度、韩国、日本、东南亚等十几个国家和地区拥有稳定的销售渠道。

谈到成功的秘诀，胡玮说："德沃的成功，得益于我们强大的研发团队，公司由具有博士、硕士学位的专家从事新产品研发、质量控制及各项指标研究；拥有现代化分析仪器，齐全的、先进的实验研究室及集植物有效成分提取、萃取、层析、纯化、结晶及干燥于一体的现代化工厂。这一切保证了德沃公司在该行业的技术领先优势。"

据悉，目前公司的研发团队由五位专家组成，其中两位为高校教授，另外三位均为博士。该团队主要从事新产品研发、质量控制及各项指标研究。目前团队已成功开发出利用乳酸菌发酵大豆的方法、莱鲍迪糖苷RA的提取工艺等六项发明，并已申报专利，获得受审通知书；同时改进多项生产工艺，使产品质量、外观及成本得到较大改善，并在一些高新产品研发中取得了突破性进展。

胡玮回忆，受橄榄油市场的启发，他和研发团队试图从蚕蛹里面提取亚麻酸。"这是一种适合三高人群的产品，我和我的研发团队一起研究技术、工艺，采购原料，跑了很多地方，最后跑到东北一个很偏的地方采购蚕蛹回来，找了三个工厂加工。头几次都不成功，做到第五次，亚麻酸的含量才达标。整个过程历时三个月。"

在他看来，坚持科技创新，通过实践获得真知，对于一直搞研究的人来说都不算什么，只要肯花时间精力就可以做出来。

铁枫堂：
用品质锤炼铁皮石斛的金色招牌

通讯员 杨智露/文

创业悟语

铁皮石斛的育苗种植不仅需要经历“十月怀胎”的艰辛，还要经历自然环境的千锤百炼。

——铁枫堂创办人 宋仙水

样本意义

这是扎根在传统土壤中开出的鲜艳夺目之花。铁枫堂传承祖辈的铁皮石斛养生文化和传统技艺，长期致力于铁皮石斛种植基础的建设，再结合现代生物科技，与省农科院合作繁育优良的铁皮石斛品种，推广先进的种植和生产技术，依靠科技创新力量，浇铸品质，使得“铁枫堂”这块金字招牌逐步壮大，耀眼全国。

素有“海上名山、寰中绝胜”之誉的雁荡山不仅以奇秀山水闻名遐迩，更是孕育九大仙草之首——石斛的天然绝胜。乐清市铁枫堂石斛发展有限公司就坐落在美丽的雁荡山北麓龙西乡。这里是中国铁皮石斛之乡、中国铁皮枫斗加工之乡、全国一村一品（铁皮石斛）示范村、浙江省铁皮石斛生产基地县。集天地之精华，“铁枫堂”的金字招牌就从这里开始，逐步壮大，走向全国。

百年非遗传承，数十年品质坚守

铁枫堂起源于19世纪四五十年代，公司创办人宋仙水的太祖父宋康池在大荆龙皮岙开设中草药铺，开始采集、加工、销售雁荡山铁皮石斛；曾祖父宋万连以铁皮石斛等道地药材治病救人而闻名乡里，康有为曾为其题字“中医世家”，胡雪岩曾亲自上门采购雁荡山铁皮石斛，蒋叔南曾为其题字“铁枫堂”“天下第一草”，“铁枫堂石斛”由此得名；1972年宋仙水父亲宋启富在大荆雁东九防村创办铁枫堂石斛枫斗加工厂，后移址仙溪镇南合门前山，当时产品主要销往杭州、上海、广东等地，并成功打入香港和东南亚市场。

2009年11月，乐清市人民政府出台了《关于加快铁皮石斛产业发展的若干意见》，于是宋仙水筹资3000万元，传承祖辈的铁皮石斛养生文化和传统技艺，结合现代生物科技，先后创办了浙江铁枫堂科技股份有限公司和乐清市铁枫堂石斛发展有限公司。

铁皮石斛市场鱼龙混杂，有拿着紫皮石斛冒充铁皮石斛的，也有拿着大棚种植的石斛冒充仿野生种植的石斛。不公平的竞争环境让企业在发展中面临着巨大的挑战。作为铁皮枫斗非遗技艺的传承人，宋仙水一直坚持将诚信经营和产品质量放在公司发展的首要位置。数十年的铁皮石斛种植让他积累了丰富的经验，他始终坚信坚守品质如一。在他的带领下，公司建立了质量监督管理队伍，由他本人亲自担任组长，对石斛育苗、种植、加工等十几个环节进行针对性的把控。公司建有温州唯一的农业院士工作站和设备完善的产品质量检测中心，通过完善的例行监测制度，开展对铁皮石斛产品的检验检测和质量监测。公司先后开展质量诚信评价活动，将标准的推广、生产档案的建立、生产的产品质量纳入质量诚信的评价内容，督促提高公司质量意识和诚信水平。

对品质的坚守让铁枫堂取得了无数的企业荣誉，更重要的是让铁枫堂产品在各级机构抽检中全部合格，获得了消费者的信任和支持。

扎根农业发展沃土，坚持科学技术创新

乐清市铁枫堂石斛发展有限公司于2010年斥资300万元成立，到2017年有几千万元的营业额。飞速发展的背后不仅是产品品质的简单较量，更是科学技术创新的丰硕成果。走进铁枫堂加工园区，浓郁的人文氛围和创新拼搏精神体现在了公司的每个角落。如果非要说铁枫堂有什么成功秘诀，相信一定离不开“基础”和“创新”两个词。

一是重视基础建设，牢牢扎根农业的土壤。这得力于各级政府对农业发展的重视和对企业的关怀，铁枫堂长期致力于铁皮石斛种植基础的建设，通过多年的努力，目前在乐清已形成种植面积8000多亩，辐射周边5000亩的种植规模。在总公司的支持领导下，已建成年产铁皮石斛组培苗7000万株的组培室三个（是目前国内设施设备最完善、规模最大、管理最规范、生产能力最强的铁皮石斛组培室之一），在大荆、雁荡、云南等地建成大棚种植基地500亩，在雁荡山国家森林公园灵峰林区承租了1000亩森林开始林下原生态种植。农业企业始终离不开肥沃的土壤，发展优越的种植环境是公司多年来保持旺盛生命力的根本源泉。

二是始终坚持技术创新。铁枫堂与省农科院合作繁育优良的铁皮石斛品种，推广先进的种植和生产技术，依靠科技创新力量，保证生产的产品质量和档次。公司相继建设了国家中医药管理局铁皮石斛重点研究室、中国工程院院士专家工作站、浙江省农业科技研发中心等。2011年，公司的“铁皮石斛规模化、工厂化生产研究项目”列入国家星火科技项目。过去的铁皮石斛育苗培育成活率始终是个大难题，可是经过这么多年的技术研究和创新，铁

枫堂将过去40%的成活率提高到了将近100%。这一数据的背后正是企业将科学技术创新和农业发展有机结合的丰硕成果。

品牌驱动企业活力，营销开发市场价值

乐清市铁枫堂石斛发展有限公司多年来坚持用品牌驱动企业活力，用互联网+的思维全方面、多角度地挖掘市场价值。不断构建完善健全的营销网络，努力在石斛行业做大做强，成为行业龙头企业。

公司先后注册了“铁枫堂”“铁丰”“龙凌”三个商标，其中“铁枫堂”先后获得浙江省著名商标、浙江省老字号等荣誉称号。

公司在多年的市场开发探索中开拓了医药零售、专卖店、网络销售等多种方式共同结合的营销架构，将优质的产品销往全国各地，在行业内销售名列前茅。铁枫堂已与国内主流医药连锁企业合作50家，设有专柜50多个，网点2000余个。截至2018年已在全国开展巡回专题讲座87场，为铁枫堂品牌的推广和塑造打下了坚实的基础。

2012年以来铁枫堂独家举办了中国首届道地药材产业论坛、财富论坛等全国性大型活动。相继参加了美国、马来西亚世界中医药大会，泰国东盟会，新西兰大健康产业论坛等，通过大型国际论坛传播雁荡山铁皮石斛，引起了各行各业及相关专家的高度关注。同时公司产品先后在中央电视台农业频道、浙江电视台、温州电视台、乐清电视台开展专题推广。通过新闻媒体、网络媒体、户外广告等形式，扩大品牌知名度。更在杭州、昆山、温州农博会以及各类名特优新农产品展销会上崭露头角，受到各级领导的重视和消费者的欢迎。

“铁皮石斛的育苗种植不仅需要经历‘十月怀胎’的艰辛，还要经历自然环境的千锤百炼。”铁枫堂企业的发展正如老宋对石斛育苗种植的心得体会一样，经历了千辛万苦和不懈付出，从市场的火热追捧，严峻竞争再到如今的披荆斩棘，硕果累累。

宾美生物：
亚洲最专业的藻蓝素制造商

记者 陈余玉 通讯员 胡慧红/文

创业悟语

过去的挫折和失败只是走向成功路上的阶梯。任何时候，都要坚信自己，决不放弃！

——浙江宾美生物科技有限公司董事长 张兵权

样本意义

宾美生物赋予了“投机”这一贬义词新的内涵。张兵权抓住市场空白点，苦心孤诣投入“以螺旋藻为原料提取藻蓝素的工业化生产技术”的研发。三年不鸣，一鸣惊人。而且海洋经济的巨大机遇接踵而来，让宾美生物一下子站在了时代前沿笑傲江湖。

目前，亚洲最大最专业的藻蓝素制造商在哪里？临海！

在临海头门港经济开发区，有一家年轻的企业，是全球最主要的藻蓝系列产品供应商，并与美国哈佛大学、康奈尔大学等国际知名学府合作。

2017年10月17日，世界最大的天然色素公司丹麦汉森，也来到这家企业访问考察。

这家企业，就是浙江宾美生物科技有限公司，是一家以海洋生物产业为主导方向，集海洋天然药物的研究、生产和医药生物制品进出口贸易为主的外向型高科技企业。

张兵权是这家公司的创始人。

在“2017浙江省助力小微企业创新发展高层论坛”上，张兵权和他的宾美生物受到了省政府和国家工商总局的表彰。

此刻，面对荣誉，张兵权有着太多的话想说，但又似乎说不出来，过往的一切，印象深刻到足以让人窒息。

一次次的风险，让他最后只剩下一张车票和几件衣服

张兵权出生于桃渚一个三面环山的小山村，毕业于华中农业大学食品科技学院。从小，他便是个“爱折腾，有点叛逆”，没少让父母操心的人。

毕业后，张兵权来到上海，白天逛会展，晚上摆夜摊，寻找各种商机，甚至跑遍了大半个中国。然而，一次次的挫折和失败，让他年过30岁，却成了一个靠父母救济度日的人。

“当一个人一而再、再而三失败的时候，整个社会都会开始怀疑你、数落你。周围的亲戚朋友也开始批评教育你。巨大的心理压力让人很想逃跑。”张兵权回忆。

后来，他在一家外资企业找到了一份销售的工作，卖食品设备。出色的业务开拓能力，让他很快做到了市场总监。之后，他离职代理该公司的产品，结果代理一年就赚到了需要工作很多年也不一定赚到的资金。

彼时，青藏铁路通车了，张兵权带着人生的第一桶金，闯进雪域高原拉萨。经过考察，他决定要把浙江的海鲜卖到整个西藏。他的勇气和商业嗅觉，再一次让他赚得钵满盆满。

然而，2008年3月14日，震惊全国的“拉萨‘3·14’打砸抢烧暴力事件”发生，商场和仓库化为灰烬。离开拉萨的时候，张兵权只有一张车票和

几件衣服。

"过去的挫折和失败只是走向成功路上的阶梯。"张兵权告诉心里那个不安分的自己。

3年闭关，孤独创业，让他最终打破全球垄断，填补国内空白

从拉萨回到家乡，张兵权把自己关在了家里。这一关差不多就是3年。

这3年里，没有人知道他在搞什么，就像马云说的："周围人从看不起变成了看不懂。"甚至有人怀疑他在制造毒品。

事实上，张兵权又开始了新的折腾！

深夜，当家人休息后，他打开电脑，上国家图书馆数据库查资料，打印的资料堆满了书房的柜子和地板；白天，他就埋头阅读，专注实验。他那些在外人看来红红绿绿的奇怪实验，从厨房做到了客厅，甚至做到了婚姻破裂。但是，他仍旧坚持沉迷于自己的世界。

皇天不负有心人！2013年，他的研究项目"以螺旋藻为原料提取藻蓝素的工业化生产技术"取得突破，打破了日本DIC公司在全球的垄断，填补了国内空白，拥有独立的知识产权，技术先进，产品性价比非常优越。

然而，此时的张兵权，不仅家破妻离，甚至连注册公司的钱也没有了。他找同学朋友投资，却没有人肯相信他。在借了一点最后能借到的钱后，张兵权于2013年9月注册成立了台州宾美生物科技有限公司，买了5个冰柜和一台二手离心机，一个人在一间小屋里开始了孤独的创业。

买不起干燥设备，张兵权就开车拉到江苏镇江外加工。第一批产品出了5

千克，货还没有拉回来，就在江苏当地以高出日本DIC公司一倍的价格被大连一家解放军医院和宁波大学医学院瓜分掉了。

回来后冰柜增加了20个，以至于很多人误以为他又要卖冰柜。第二批产品生产了30千克，都高价卖出，市场非常紧俏。当时产品大部分被应用于肿瘤的临床治疗和研究领域。随着网络推广的开展，咨询和订单雪片一样地飞来，也吸引了康恩贝等知名大公司前来洽谈合作。

从小渔村到开发区，
从被人嘲笑怀疑到成功参与国家标准起草

2014年年底，张兵权开始投资300多万元，在一个偏僻的海边小渔村里，租下一处300平方米左右的20世纪60年代老房子，产品线迅速扩增到食品级、医药级和试剂级。

那一年，他带着样品参加了在上海举办的世界食品添加剂和配料中国展，遇到德国老牌食品配料公司欧米亚公司的负责人尼可。他们在给了宾美公司50万元的试订单后，非常满意，又追加了200多万元的生产订单，并且预付30%的资金支持。

德国公司的大力支持，让张兵权信心大增，公司业务飞速发展。此时，原来厂区的面积、设备硬件、环境条件等都受到了制约，一边是交不出订单，客户的抱怨和遗憾；另一边却是条件所限无法扩大，发展遇到困局，走出去似乎成了唯一的出路。

得到信息的临海市商检局迅速将企业情况反映到市政府，领导高度重视，带领环保、科技、经信、银行等多个部门的负责人，来企业实地调研，

现场办公、排忧解难，最后帮他们快速落户到浙江省级经济技术开发区头门港新区。

落户后，宾美生物的企业规模形象、产能和人才引进都实现了质的飞跃。2016年，公司被列入“临海市科技雏鹰计划”，获得“台州市高新技术企业”荣誉和“浙江省科技中小企业”称号。2017年，受国家卫计委等部门邀请，参与起草食品添加剂藻蓝的国家标准工作。同年，中科院南海研究所邀请他们参与国家海洋局主导的“十三五海洋经济创新与发展产业链”项目。

回顾所经历的这一切，张兵权感慨万千，“任何时候，都要坚信自己，决不放弃！”

四

『小而洋』

关键词 国际视野

国际视野：在全球范围内配置资源

在全球多边贸易一体化的系统中，只埋头苦干、拼命硬干是不行的，我们的企业家还要有胸怀全球、昂首仰望的国际视野。要充分利用国内、国外两个市场，汲取国内、国外两种资源，还要有在国际沙场上点兵与PK的勇气与实力。正如浙江省副省长朱从玖在2018年的中国浙江投资贸易洽谈会上所说，“改革开放以来，资源禀赋先天不足的浙江，始终坚持对外开放的基本国策，乘着改革开放的浩荡春风，在开放发展的道路上探路先行，充分利用国际国内两个市场、两种资源，推动浙江从地域小省、资源小省发展成为经济大省、开放大省。”

在全球范围内配置资源、书写发展蓝图，不是大企业的专利，也是小微企业的棋局。对浙江中小企业而言，国际化，既是一种视野、一种胸怀，也是一种水到渠成的生存选择。

“我的客户，有全球最大的连锁超市沃尔玛，有在美国开了两三千家连锁店的，单款订单的数量可能就有几十万元。”浙江派对动漫文化有限公司董事长陈隆不仅花大价钱从美国聘请设计师，还把产品成功打入全世界超市。

星越包装先人一步切入国内中高端脱氧剂包装材料这片蓝海，一跃成为中国新型包装行业先驱者，打破高端保鲜剂原材料、成品的国外垄断现状，扭转了我国新型包装行业“只进口，无出口”的不利局势，并且，带领中国保鲜剂包装走向世界，为我国争取到这一领域中的话语权。

宁波迪麦格磁电科技有限公司在董事长姚文俊的带领下，已经发展成为他理想中的公司——成为以品牌运营、进出口、设计生产制造、跨境电商和外贸企业综合服务于一体的现代化企业，旗下拥有12家生态企业，在美国、土耳其等国家拥有多个商标和品牌，成为全球1000多家客户的供应商，是美国沃尔玛、LOWE’S、HOMEDEPOT的磁性工具首选供应商……

改革开放只有进行时没有完成时。随着中国市场的进一步开放，欢快“走出去”的浙江小微企业肯定越来越多。

派对动漫：
“面具大王”演绎动漫派对

记者 何颖/文

创业悟语

我们要生存，一定要有自己的创意，比如说我代工的面具卖给中间商是4美元，他的市场售价可能是12美元，如果是我自己的品牌，我就能卖到6美元。

——浙江派对动漫文化有限公司董事长陈隆

样本意义

对派对动漫来说，进入这个行业是偶然的，但做到全国最大，却有很多必然的因素促成，如善于引进团队技术人才，用细节、用技术来突破行业天花板，深耕国内的动漫衍生产品等。

好莱坞大片里的英雄人物、各种漫威形象，在展位上琳琅满目，非常逼真。蝙蝠侠、钢铁侠、忍者神龟……这些在现实中不容易看到的人物，在浙江浦江一家工厂都能看见。

位于浦江县黄宅镇中山工业园的浙江派对动漫文化有限公司，是国内最大的乳胶面具生产企业。

亏钱亏出来的生意

“进入面具这个行业，确实是很偶然的。”浙江派对动漫文化有限公司董事长陈隆告诉导报记者。

陈隆是福建平潭人，此前一直在义乌从事贸易，主要经营服装、假发等派对相关产品。2010年，陈隆的一位美国客户拿了一些墨西哥和美国本土制造的面具过来，想降低采购成本，在中国找到这样的面具生产厂。

在陈隆看来，义乌市场里卖面具的商铺比比皆是，要找到这样的面具加工厂，是件很容易的事情。

于是，他接下了这笔订单，就找工厂开始打样。“前面挺顺利的，感觉也不错，结果我们却栽得很惨。工厂做出来的样品，跟实际交货的根本不是同一个产品，不管是从神态上还是色彩上，都达不到美国客户要求，我们赔了很多钱。”陈隆回忆说。

有了赔钱的经历，陈隆生出自己开厂生产面具的念头。“我们家族比较庞大，我有一个哥哥在做派对相关的贸易，也开厂生产圣诞节、万圣节用的衣服和假发，从这些延伸到做面具，顺理成章。”陈隆说。

不过，这门生意在有经商经验的人看来，不是个好选择。因为万圣节一年只过一次，从经商的角度看，购买频率太低了。

陈隆却有自己的打算，他做贸易出身，跟其他开厂的人比，客户资源丰富。“我感觉这个生意是有潜力的，因为目前中国这一块技术不是很成熟，客户想在中国采购的意愿却很大，如果能突破技术门槛，我们能获得很大的市场，竞争又不激烈。”

而之后的一次美国万圣节之旅更是坚定了陈隆自己开厂生产面具的信心。“万圣节对美国人来说，是全年龄段人们的乐趣，孩子们和有童心的成年人不但挨家挨户要糖果，还打扮成吓人的样子互相取乐。在这个一年一度的放松节日里，人们很乐意购买面具、怪异服装、僵尸魔怪玩偶来助兴。”陈隆说，万圣节在美国，是仅次于圣诞节的第二大节日。“所以说市场前景非常大。”

从美国回来后，陈隆就开始物色厂房机器，寻找相关人才，不久便开办了金华派对乳胶工艺品有限公司，也就是浙江派对动漫文化有限公司的前身。

细节决定成败

“机器、技术人员都有了，可做出来的面具效果总是差强人意。”陈隆解释说，中美面具的差距主要在外观上。美国面具的弹性好、立体感强，这个可以通过配方来改进。但在逼真度上，无论技术人员怎么努力，都有些困难。

迫于无奈，陈隆只好求助美国客户。不久后，美国客户就带着自己的技术总监来到了浦江。陈隆以他的诚心和专业打动了对方，美国客户同意让自己的设计团队帮助陈隆，共同开发乳胶面具产品。

“为了‘逼真’两个字，我们克服的技术难关不计其数。”陈隆说，正因为这样的技术门槛，他们并不担心被人模仿超越。

在车间，记者看到雕刻师傅为了使面具更加逼真，会收集几十张不同角度的面部特写做研究，而陈隆说这个是团队的工作习惯。“面具是一个非常小众的产品，很多中国工厂不会注重细节上的东西，而在我们工厂都会考虑进去。比如笑的过程中，哪一个皱纹开始有变异，可能高一点低一点，都要去观察。”

陈隆说，另一个达到逼真的工序是上色。光线不同，肤色是有差异的，所以他会定期把员工送去进行色系培训，让他们对颜色更加敏感。

很快，陈隆的工厂吸引了很多国外采购商抛来的橄榄枝，这其中就包括全球最大的连锁超市沃尔玛。陈隆的面具厂是沃尔玛在中国大陆唯一一家面具供应商。

不过，沃尔玛还不是陈隆最大的客户。因为面具质量过关，价格又便宜，陆续有其他的超市、商场、买手找上门来，那些专门卖万圣节物料的卖场，需求量非常大。“我的客户里，有在美国开了两三千家连锁店的，单款订单的数量可能就有几十万元。”陈隆说。每一年，大型超市都会开采购见面会，陈隆带着新款面具去给客户展示。到了11月底和12月份，美国的大型商场、超市陆续下单，让陈隆的工厂提前准备材料，然后进入生产旺季，一直要做到第二年的8月底。最后一批订单完成，运到美国，等待新一年的万圣节狂欢，周而复始，年复一年。

2014年，也就是公司成立后的第三年，金华派对乳胶工艺品有限公司已经成为全国最大的乳胶面具生产企业。

跨界文化产业

跟周边小作坊不一样，代工做得多了，陈隆希望可以创造自己的面具品牌。“我们要生存，一定要有自己的创意，比如说我代工的面具卖给中间商是4美元，他的市场售价可能是12美元，如果是我自己的品牌，我就能卖到6美元。”陈隆说。

他在义乌组建了一个自己的设计团队，还花大价钱在美国聘请了两个设计师，因为这是有文化差异的产品，虽然从大类上划分，万圣节面具的题材无外乎小丑、烂脸、骷髅头、超级英雄、科学怪人、修女、巫婆等，但每年的流行元素和细节都有区别，而中国人很难抓住这些面具上搞怪的、搞笑的点在哪里。“我选的设计师在这个行业都有15年以上的经验，画工一流，对产品有很深的概念。我说到一个产品，他们立刻能在短时间内给出几套方案。”陈隆说。

不过，陈隆已经不仅仅满足于做面具、兵器。

“派对产品这个局限性还是很大的，如果能把产品拓展到日常用品，市场空间就大了。”于是，陈隆将目光瞄准了动漫衍生产品。

“动漫衍生产品发展空间巨大，相比欧美国家来说，国内市场才刚刚起步。”陈隆已经掌握了先机，去年开始，公司的重心就从生产面具、兵器转移到各种大型手办收藏品，并完成批量化生产。“简单讲，手办是一种收藏性的人物模型，国外动漫发烧友玩得很火。”

在欧美国家，这些动漫人物都有严格版权保护。目前陈隆的工厂生产的造型产品，也都获得欧美公司授权开发生产。公司开发了许多1∶1手办模型，好莱坞经典大片里的蝙蝠侠、小丑女、死侍等，在美国市场都广受欢迎。

为了更好地研发手办模型，陈隆还买了一台3D打印机，这是周围的小厂和作坊里难以想象的豪华装备。

在派对公司的研发中心，记者看到，一台高大上的3D打印机正在工作。各种模型产品在线上完成设计以后，通过3D打印成模型，再加上手工雕刻师完善，制成模具，就可以送到制作车间批量化生产。

在产品陈列室，陈隆指着一个蝙蝠侠的手办，骄傲地告诉记者，“这个产品在美国市场上售价达到3万元人民币，而且他们是全球唯一可以生产乳胶手办的企业。”

陈隆介绍，目前公司产品已经突破10000种，并且拿到了多部动漫电影人物的授权，今年的主打产品将是1∶1高仿真动漫人物造型，像忍者神龟、蜘蛛侠、蝙蝠侠等，还自主研发设计了结合声控、光控与电子程序的动态发声派对道具，以及万圣节化装舞会面具等。

为此，陈隆还将自己的公司名称改名为浙江派对动漫文化有限公司。“我希望我的公司不仅仅是一个制造企业，更是一个文化企业。”

在陈隆看来，浙江派对动漫文化有限公司的发展正刚刚开始，接下来，他们将深耕国内的动漫衍生产品。或许在不久的将来，我们能在网易、腾讯等公司的热门手游上看到派对动漫的身影。

星越包装：
中国新型包装行业先驱者

记者 梅雪风/文

创业
悟语

做有技术含量的产品，做专、做精。

——嘉兴星越包装材料有限公司副总经理 毛兵建

样本意义

星越包装的突然崛起，在于能预料先机，大胆转型，先人一步切入国内中高端脱氧剂包装材料这片蓝海，从而一跃成为中国新型包装行业先驱者。建立4年，秉持技术优势，扭转了我国新型包装行业“只进口，无出口”的不利局势，带领中国保鲜剂包装走向世界，为我国争取到这一领域中的话语权。

嘉兴星越包装材料有限公司是国内保鲜剂包装行业的先驱者。它是目前国内唯一一家专业生产保鲜剂包装的企业，也是全国唯一具备保鲜剂包装研发能力的企业。其产品供不应求，在国内外均深受企业肯定与欢迎。4年时间，它带领保鲜剂包装走进中国，更带领中国保鲜剂包装走向世界。

大胆转型，时代助推

星越包装的前身是位于杭州富阳的一家包装厂。转型之前，它和中国的千千万万家包装印刷厂一样，主要从事如塑胶袋等最基础的外包装制作。

普通外包装技术要求低，带来的利润也不丰厚，要想盈利，只能在数量上下功夫。在浙江，这样的厂家并不少见，行业竞争激烈。星越决定转型突围，将目标锁定在国内仍处空白的新型包装市场，专攻干燥剂、脱氧剂包装的制造。

“一开始我们也担心脱氧剂、干燥剂包装的市场容量和前景，但我们坚信做有技术含量的产品，把产品做专、做精才能有未来。”2013年12月31日，星越包装注册；2014年4月28日，星越包装正式投产。

设厂当年，星越包装的产值为856万元；2015年，产值达到2421万元——仅一年时间，星越包装就实现了收入翻番。而2016年，星越包装的产值达到3500万元，2017年，这一数字超过5000万元。

星越包装的飞速发展，离不开时代需求的助推。以往，内地的防腐手段以食品添加剂为主，对保鲜剂的认识和需求均较低。因此，公司成立之初，主要业务对象为中国台湾、日本等地。2014年前后，随着相关政策出台，内地企业对保鲜剂的需求猛涨。

国内的新型包装企业屈指可数，星越公司自然乘上了这股东风。过程中，星越还参与规范我国槟榔协会和脱氧剂协会的行业标准，共助我国食品安全的进步。

随着食品安全日益受到重视，放置脱氧剂等保鲜剂防止食品霉变，势必是未来食品保鲜的主流方法。国内中高端脱氧剂包装材料的销售额在5亿元以上，这一区域仍是一片蓝海。当前，星越包装正以每年超过30%的增速稳步向前发展。

简包不简，科技保驾

作为中国新型包装行业的先驱者之一，星越包装与多家相关企业一起，从成本、技术、材料等方面考虑，研发适合中国市场需求与国情的产品。目前，星越包装是国内唯一一家具备研发能力、专业生产保鲜剂包装的企业。

星越包装生产的保鲜剂包装（干燥剂包装、脱氧剂包装）广泛用于食品、电子、布料、集装箱运输等领域，其掌握包括防尘脱氧剂包装、防油防水脱氧剂包装和新型干燥剂包装在内的多种包装材料生产技术。

毛兵建向记者展示了部分产品样品。记者看到，架上的保鲜剂包装有多种规格和颜色，材质与一般塑料袋制品相近，粗略看去，似乎并无特别。

在研发人员的指引下，记者注意到袋上的小孔。毛兵建告诉记者，干燥剂与脱氧剂包装的核心之一就是透气孔——要做到透氧、透湿，又要防水、防油、不泄漏。这对技术和设备都有极高要求。据毛兵建介绍，国内尚无企业在该方面的表现超过星越。

“他们都是盲目地在做，我们是根据数据，对设备和技术进行调整改进。”星越重视数据在研发中的应用，根据数据反馈确定的工艺使得产品在质量上更具稳定性和科学性。

毛兵建向记者展示了产品出色的耐撕能力。即使是穿刺都无法破坏的包装，为安全性提供了极大保障，从根本上防止儿童误触、误食的危险发生。星越还开发了酒精保鲜、脱氧一体的包装材料，用这款材料可包装成具备酒精保鲜及脱氧一体的双效脱氧剂，不仅可以吸收包装袋中的氧气，而且还释放出酒精气体，在防止产品发生霉变或油脂氧化的同时，还可以保持产品本身的湿润口感，可广泛地应用于法式蒸蛋糕及水分含量比较高的糕点保鲜。

当前，星越掌握的包装材料生产技术已处于国内领先地位，拥有实用新型专利技术4项，正在申请的发明专利技术8项、实用新型专利技术5项。设备一流，建有干燥剂包装材料、脱氧剂包装材料、食品复合包装材料生产线3条。星越包装也被授予浙江省科技型企业的称号。

持续创新，紧跟国际

星越包装的技术水平具备在国际上与同行业领先的日本、台湾企业竞争的能力。产品具有替代同类进口产品的质量水平，已开始打破高端保鲜剂原材料、成品的国外垄断现状。

星越包装与Multisorb（美资）、LIPmen（韩资）、Gia Phat（越资）、CILICANT (印资）、小嵩（台资）、日本多家干燥剂和脱氧剂企业、波力集团（台资）以及天华科技、广益科技等国内外知名企业均保持长期、稳定、深入的贸易关系。

在国内，越来越多的企业选择与星越合作。除去对星越产品的认可，其高效性也是吸引客户的一大因素。以往，国内商家多向日本购入保鲜剂包装，越洋交易在沟通、运输尤其是时间方面均带来巨大成本。星越与企业直接交易，将交易期由对外的3个月缩短至15天，极大地降低了企业资金压力。

受益于其强大的研发力量，星越包装在海外市场亦广受青睐。美国脱氧剂企业Multisorb超过70%的业务与星越包装合作；东南亚地区（包括越南、印度等）的企业也开始大量购买星越的产品。星越包装扭转了我国新型包装行业“只进口，无出口”的不利局势，为我国争取到这一领域中的话语权。

当前，星越公司年产量达到3000万平方米，年产值超过6000万元人民币，但产品仍处于供不应求的状态，前景大好。因生产所限，星越暂时仅开发了国外的部分市场。

未来，星越计划筹建国内首家专门从事保鲜包装材料研发的实验室，继续扩大规模、提高设备与技术水平，建立以创新研发为主导的高度专业化的保鲜剂包装公司，做行业内的标杆企业。同时，紧跟国际趋势，带动国内上游相关原料产业的发展，提高中国在国际保鲜剂包装领域的竞争力。

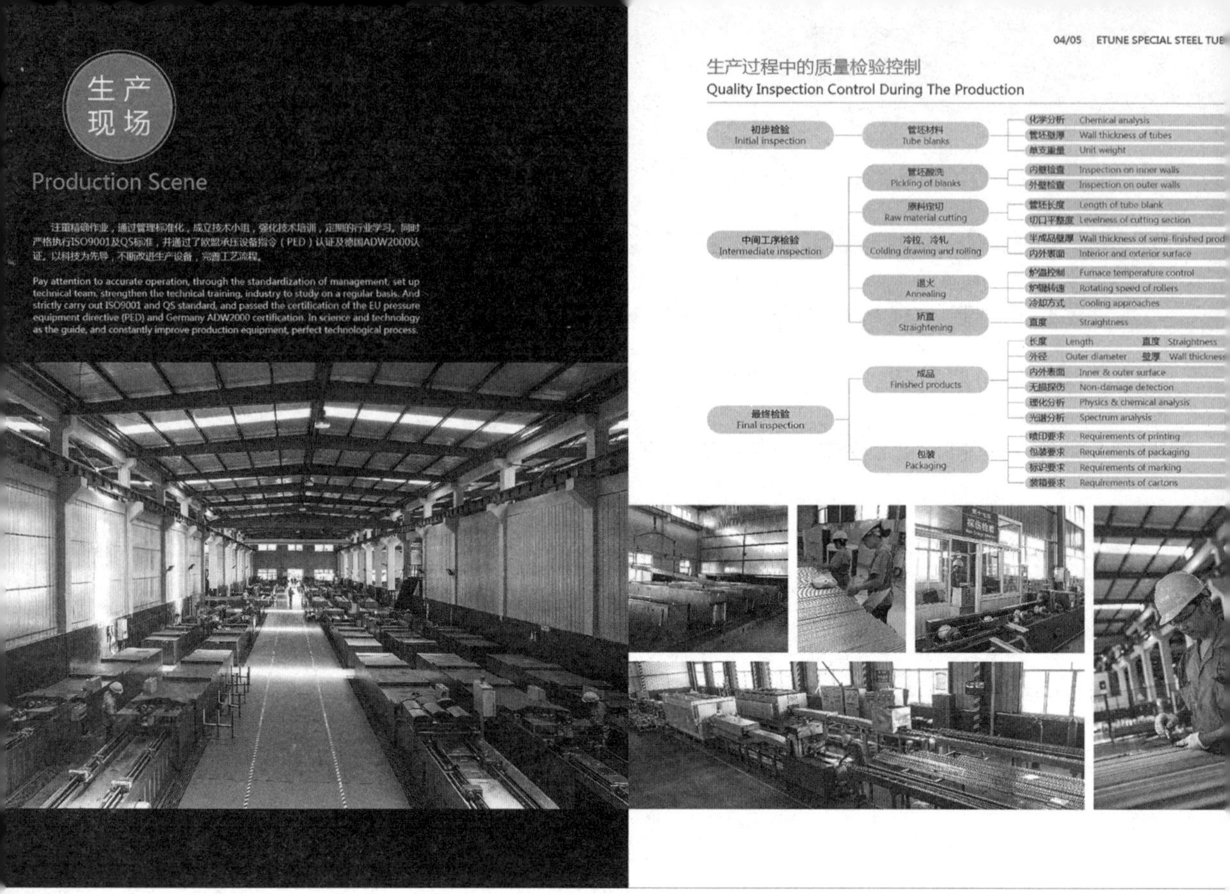
生产
现场

Production Scene

注重精确作业，通过管理标准化，成立技术小组，强化技术培训，定期的行业学习。同时严格执行ISO9001及QS标准，并通过了欧盟承压设备指令（PED）认证及德国ADW2000认证。以科技为先导，不断改进生产设备，完善工艺流程。

Pay attention to accurate operation, through the standardization of management, set up technical team, strengthen the technical training, industry to study on a regular basis. And strictly carry out ISO9001 and QS standard, and passed the certification of the EU pressure equipment directive (PED) and Germany ADW2000 certification. In science and technology as the guide, and constantly improve production equipment, perfect technological process.

04/05 ETUNE SPECIAL STEEL TUB

生产过程中的质量检验控制
Quality Inspection Control During The Production

义腾特钢：在“特”字上做极致文章

记者 梅雪风/文

创业悟语

生产力并不等于盈利，产品以精为主,而不是以量为主。

——浙江义腾特种钢管有限公司总经理 朱则军

样本意义

“好的设备，好的员工，好的管理，好的心情，好的技术”，这是义腾对内的要求；“好的产品，好的服务”，这是义腾对外的要求。内外合一，成就了企业的霸气。

浙江义腾特种钢管有限公司，专注于高端特种钢管的生产。短短两年，便与海内外多家知名企业建立起稳固的合作关系。公司注重科研与技术，目前已取得24项专利，并拥有20条精轧线、7条冷拔机、多套超声波清洗设备以及配套进口设备，并配备先进的检验设备，成立了检测中心。

其产品广泛运用于制药、食品、化工、半导体、动车等领域，具有不可替代性。高质量的产品控制、完善的监测手段和领先的商业意识得到客户的一致好评。

“我们需要一张白纸”

相比一般的创业企业，义腾特钢的诞生有些特殊。2015年7月15日，浙江义腾钢构完成了对浙江宝纳和浙江强丰不锈钢厂的收购。这两家不锈钢厂，就是义腾的前身。

义腾总经理朱则军深知技术的重要性。他对原厂的人员进行了筛选，基本保留了所有的技术人员，又聘请了来自宝钢的工程师。他要求员工忘却过往的经验，按照义腾全新的经营策略与模式思考、行事。员工必须重新认识自己和企业。

“好的设备，好的员工，好的管理，好的心情”是义腾对内的要求。义腾特钢内部推行目标管理计划，制定考核机制，鼓励员工学习、提升素养。朱则军认为，埋头苦干是错误的，要带着求知欲学习。

义腾的发展目标定位于高端产品制作，以期脱离价格优势的传统竞争方式。围绕这一目标，义腾在前期明确了其订单定位：60%大客户+20%~35%特殊规格用户——60%用来平本，支持运作；20%~35%走研发、高端路线，留下经营空间，逐步转型。

朱则军相信：生产力不等于盈利，产品以精为主，而不是以量为主。事实亦证明这一策略的高效性：2016年，义腾的销量为1100余万元人民币；2017年，这一数据达到5000万元；而2018年，其销售额预计超过1个亿。接连翻番的销售额，得益于高定位产品带来的高附加值——相同原料成本，用于生物科技等高端领域的特种钢管，价格能达到传统钢管产品的8倍，甚至更高。

目前，义腾特钢已将业务完全转向特种钢管的研发与制造。“2018年的目标是做到1.2个亿。”谈及未来，朱则军很是自信。“因为避开了行业竞争壁垒，我们目前正在研发和拓展的产品有局限性和唯一性，一般企业很难做到。”

“我们拥有绝对自信”

对特种钢管，朱则军总结为“特别厚；特别薄；特别小；异型管”。他告诉记者，义腾在行业内研发的特种钢管产品，具有其无可替代性。因为难以突破的技术壁垒，其他从业者几乎没有可能仿制。即使有，也需要付出难以估算的天价成本。

这份底气来自远超同行的绝对实力。仅是设备器具的优化，义腾就做到了极致。以精度为例，国内能将精度控制到5丝（1丝=0.01毫米）以内的企业屈指可数，而义腾已通过器具升级，将精度控制到2丝。这个数字，相当于一根头发直径的四分之一，量具采用国际先进的日本三丰，精确度可达到um（缪）级。

研发技术更是义腾特钢的王牌。义腾曾利用七天时间，为德国某企业造出一款厚壁管。由于管内需要通气、通高压，对管的精度和粗糙程度都有极高的要求。行业范围内，类似研发这类产品，性能数据、技术数据、工艺的固定很难在这么短的时间完成试样、首件确认和量产。

义腾过人技术的核心秘诀是数据。记者了解到，义腾有专门的数据备案库。研发过程中，从领取原料到产品诞生，包括其中所有的模具改善和工艺调整，每一步数据都被精准地记录在案。建立在精准数据上的工艺控制，保证了义腾产品研发上的高效性和质量上的稳定性。

朱则军对义腾拥有绝对自信：“我可以明确告诉客户，你要的管子，不但是外形，就连粗糙程度、硬度，每一个批次都能和样品做得一模一样。”

2017年，义腾通过自主研发已经取得24项专利，其中1项为发明专利；正在报批的有 20 项专利，其中10项为发明专利，另有未申报技术30余项。义腾凭借过硬的研发实力深得客户信赖，其产品质量广受好评，业绩上亦取得不俗表现。2017年，义腾获评“浙江省小微企业成长之星”，并作为小微企业代表上台接受授牌表彰。

义腾与三星、LG、福特等国际知名公司均有深度合作，其产品涉及航空、机械、军工、冶金、高端实验室、机车等。当前，义腾逐步聚焦医疗、电子、半导体、生物科技四大领域，期待建立更加广泛、深入的合作关系。

“我们卖的不是产品”

久经商场的朱则军对企业经营有着别样的理解：出售产品不是目的，服务好客户才是目的。他强调，义腾卖的是技术、是服务、是时间、是理念，产品只是承载这些的工具。在这种观念引导下，义腾在拥有“硬实力”的同时，更添一把强劲的“软武器”。

朱则军把义腾和客户之间比作恋爱关系：“需要互相的接受和认定，追求长期合作，而不是一次性交易。产品交出去以后，任何技术问题我们都会解答，一切负责到底。顾客在我们这里，买的不是产品，是放心。”

他在商品价值之外，更考虑其时间成本。“产品加时间才是销售价格，应当考虑到时间价值。”相对应的，义腾对客户的时间极为负责，所有订单均保证按时交货。

义腾始终贯穿这样一种理念：只有珍惜产品，将它视为生命的人，才能做好产品。从生产到销售的每一个环节，义腾都保持了最大限度的严谨。即使是员工的一点情绪异常，都会得到及时关注——要有好心情，才能做好产品。

接下去，义腾将继续把重心放在产品技术的布局上。义腾计划将分厂转移到一起，以节省物料运输成本。硬件上，义腾将由韩国进口整套流水线，并从美国购买某项新兴技术的唯一权；同时，投入3000万元设计建造新装备。

研发团队的增加和技术人才的培育依然是未来的主攻方向。新的一年，义腾预增加14名科技性人才，其中包括4名工程师，以继续提高科研水平。

另外，义腾计划实现原有量具的彻底升级，将原有尺全部更换为目前世界最好、精度更高的量具。据悉，该量具单把价值达到3.5万元。义腾希望追求更小的误差，以实现对自身的突破。“客户的需求就是义腾的目标”。朱则军强调。

搏莱电子：
一根数据线里的“脑风暴”

记者 柴丹 通讯员 俞旭辉/文

创业悟语

一个企业的优势体现，不在于其规模有多大，其持续创新的能力、始终如一的企业信誉才是关键，再大的企业，如果丢掉了这两者，也很容易在未来的市场环境中被击垮。

——宁波搏莱电子有限公司总经理 胡达文

样本意义

小企业生存之道，既要有做精做细的工匠精神，也要有开放的心胸，借脑引技，不断提升自己产品的性能。从搏莱的发展道路上，我们不难看出，“借力”两个字的重要意义。

2006年创办，经历三次搬迁多次蜕变，终于走上正途，拥有了属于自己的厂房；产销利税等各项指标达到了年增15%~20%的目标，去年又被评为浙江省小微企业成长之星。谈及成绩，宁波搏莱电子有限公司总经理胡达文戏说，那是因为企业大大增加了科技创新的“脑容量”。

在自我蜕变中稳健发展

宁波搏莱电子有限公司位于宁波市象山县西周镇工业园区，走进厂区，给人直观的第一印象就是干净整洁、环境优美。

胡达文向市场导报记者介绍，公司成立于2006年，经历三次搬迁，经过多次蜕变，才从当初10余人的小作坊走到今天的规模。可以说是“千淘万漉虽辛苦，吹尽狂沙始到金。”现在，位于西周的新厂区购于2017年，占地面积6356平方米，有员工140人，绝大多数是年轻人，公司里充满着热情和朝气。

他认为，一次次蛰伏、一次次蜕变，离不开企业对技术孜孜不倦的追求，离不开企业自主开发、自主创新的坚定决心。“公司配有国内先进的电线电缆挤出设备，主要生产电脑连接线、手机数据线等。”一份统计数据显示，截至2016年年底，宁波搏莱电子有限公司已拥有实用新型专利17个。

“一个企业的优势体现，不在于其规模有多大，因为这更多的取决于先天条件，其持续创新的能力、企业信誉才是关键，再大的企业，如果丢掉了这两者，也很容易在未来的市场环境中垮下来。”

搏莱十多年的经营以及在同行业间的口碑，已经证明了这一切。记者了解到，在稳健务实中成就了搏莱人具有责任担当及团队协作的精神，企业拥有一支务实、专研的技术团队，一支可靠、诚实的经销团队，技术和售后都能做到先进、及时、专业、可靠。近年来，搏莱电子的业绩稳健拓展：2016年销售额2618万元、缴纳税金132.6万元，2017年销售额2915万元、缴纳税金171.5万元。

内外并举，抓技术核心促转型

对于企业的良好发展势头，胡达文认为，首先得益于全球电子通信行业的持续增长。可以说是做通信基础产品的企业迎来了发展的春天，主营业务量上升趋势明显。但搏莱能从中脱颖而出还在于企业的产品过硬、服务过硬。他告诉记者，“我们的产品性能在同类产品中绝对处于中上游地位，公司所有跳线都可以通过FLUKE链路测试。公司每年投入近百万元用于技术革新与新产品研发，以保证产品的长久竞争力。正因为有精益求精的工匠精神，搏莱才在激烈的市场竞争中占得一席之地。”

小微企业要在大浪淘沙中成长为中坚力量，促进产业转型升级尤为重要。胡达文认为，“要在当前市场环境下形成自身的卖点和亮点，必须提高产品自身的技术含量。” 近年来，搏莱电子一方面组建自己的科研团队，加大研发经费的投入，另一方面积极向外“借脑”，与深圳优秀电子制造企业、科研机构及高校开展新产品、新工艺合作，借此弥补初创阶段研发能力的不足。同时，借力专业企管咨询公司，投资50余万元用于内部管理体系建立，对公司内部管理进行全方位梳理、培训，形成团结务实、品质至上、效率优先的企业文化理念。公司现有产品两大类60余种，产品出厂合格率达100%。公司也被象山县科技局认定为第二批“科技型小微企业”，被县政府授予工业企业“成长之星”等荣誉称号。

谈及公司下一步的发展方向，胡总表现得信心满满。“电子制造业特别是高端产品领域，还有很大的潜力可挖，未来我们搏莱发展的机遇很多，现在就是要继续走技术带动整体发展路线，坚持自主研发的同时深化与高端制造企业、研发机构及高校的合作，持续保持我们企业产品的竞争力；同时拓宽营销渠道，从制造到渠道全方位经营，争取将更多的产品通过自己开办的外贸公司售往国外，进一步提高搏莱产品在国际上的市场份额。”

迪麦格磁电：
中国磁电行业的领跑者

记者 柴丹 文/摄

创业悟语

我们的品牌始终充满了快乐的价值传递，那就是感恩、包容、坚持、责任和共赢。我们宣称的“持续改进”不只是口头承诺，我们在日常工作中切实履行了这一承诺：我们不断从买家和终端用户收集产品的反馈，对产品的用户体验了如指掌，并以此为依据对产品不断做出改进。

——宁波迪麦格磁电科技有限公司董事长 姚文俊

样本意义

在激烈的行业竞争中，宁波迪麦格磁电科技有限公司走出了一条不同寻常的路。其成功的秘诀不仅在于创新技术，更重要的是把企业的发展深深嵌入商业圈层、社会圈层，从而比别人汲取到更多的发展能量。

姚文俊的迪麦格办公楼在宁波市高新区的研发园内，1000多平方米，宽敞明亮。进门就能看到墙上一行硕大的标语——"成为中国磁电行业的领跑者"。这是姚文俊给自己定下的目标。

浓厚的商圈情结

姚文俊老家在山东一个不富裕的农村，2003年6月毕业于宁波大学。2005年12月，怀着创业的梦想，创办了宁波迪麦格磁电科技有限公司。凭借着开放的创业理念和对电子商务的独特理解，公司立足科技创新，快速发展，先后于2007年创办宁波市镇海迪麦格磁性工具有限公司，2009年创办宁波迪麦格电机有限公司。2013年，从国外引进10名工程师，开拓智能家居行业。

在姚文俊的身上，有一种浓厚的商圈情结。2014年，姚文俊提出了新的发展模式DYC-X，即聚焦于满足客户需求，构建迪麦格的生态圈。就在这一年，他与别人合作成立了以“智能技术创新”为核心的宁波和美佳智能科技有限公司、以“外贸企业信息化建设”为核心的宁波六脉神剑软件有限公司、以“提升外贸公司国际化思维”为核心的朗维国际和以“外贸企业互联网资讯平台”为核心的橙塾资讯。这些公司以国外进口客户和国内出口公司需求为核心，构建了迪麦格生态圈。

走过15个春秋，如今，宁波迪麦格磁电科技有限公司在姚文俊的带领下，已经发展成为他理想中的公司——成为以品牌运营、进出口、设计生产制造、跨境电商和外贸企业综合服务于一体的现代化企业，旗下拥有12家生态企业。其高质量的产品也赢得了多个合作方的认可，通过强大的品牌策划、设计开发和全渠道营销团队，拥有了多个品牌和100多项专利；同时在美国、土耳其等国家拥有多个商标和品牌，成为全球1000多家客户的供应商，是美国沃尔玛、LOWE’S、HOMEDEPOT的磁性工具首选供应商；连续多年获得阿里巴巴宁波十大风云网商、阿里巴巴浙江省卓越网商、宁波市国家大学科技园十佳企业。他说，他要在今年实现6亿元产值的梦想。

姚文俊对内是构建企业生态圈，对外则是用心构建朋友圈。受“宁波帮”氛围影响，在宁波创业的企业家更有动力组建商圈，整合资源，交流信息。特别是电子商务领域，这样的组织显得特别重要。2011年，他联合阿里巴巴在宁波创建了网商联盟——甬盛会。从那年开始，姚文俊足迹遍及全国各地，举办上百场分享会，授课对象超过几万人。全国网商也纷纷来到迪麦格寻梦。

为了进一步整合资源，提升浙江网商的战斗力，阿里巴巴马云的特别助理陈伟在太极禅苑发起成立了太极圈。太极圈集中了阿里巴巴浙江区域中优秀的网商。2014年，作为太极圈的班长，姚文俊和阿里巴巴一起，带领太极圈构建了“网商太极之路”。太极之路是网商的游学线路，途径杭州、绍兴、宁波、台州、温州、永康、义乌和湖州8个城市，通过走访站点区域的太极圈客户以及所在商会，分享并带动打通了浙江各大影响力的商圈，也就在这一年，姚文俊带着太极圈的大旗走进了美国纽交所，这是全国唯一一个进入纽交所的商圈旗帜。

从生态到环保的升华

2014年9月19日，对姚文俊来说是难忘的一天。受阿里巴巴的邀请，作为阿里巴巴跨境电商唯一的客户嘉宾，姚文俊在美国纽交所现场见证了阿里巴巴上市。“我为我们中国的企业感到自豪，原来我们中国的企业也可以在国际上有这么大的影响力。”这次纽约之行，对姚文俊的思想触动很大。

此后，姚文俊经常陷入深思：究竟怎样的事业可以成就自己的大理想？他从自己的企业生态构建中得到启示，开始关注大社会，即环保与生态。此次转向在姚文俊看来并非跨界。“电磁关系可以分为两种，一个是电磁环境与各种用电设备系统之间的关系，另外一个则是电磁环境对生物体，也就是主要与人类的相互关系。”他说。

经过3年的筹备，2017年，公司关注的空气、水及食品安全的新项目落地。这个项目旨在以客户为核心导向，为客户提供基于优秀产品的综合解决方案：空气除甲醛、水质监测以及食品安全。“这算是我第二次创业的开始，目标是为社会构建一个全面的生态服务体系。”在姚文俊看来，财富需要健康，健康需要环保。

“比如这些年，装修污染问题频出，关注装修污染，关注室内空气已成为全民共识。数据显示，2016年我国室内空气净化治理产业总体规模超过1000亿元。我们的项目就是开展空气质量实时测控和净化材料及方法的研究，产品小而精，可以为老百姓精准地监测室内空气成分是否超标。”在迪麦格的产品间里，《市场导报》记者看到了产品实物——极小的一张Dailymag除甲醛卡。据工作人员介绍，别看这么小小的一张纸，作用十分大。“以三维多孔二氧化锰材料和研发技术为基础，采用表面活性剂辅助原位生长技术，在纤维表面负载纳米活性锰，并通过改变材料生长的微环境，实现对负载于纤维表面的纳米材料原位进行形貌结构调控，它与一般的除醛材料或活性炭等材料不同，Dailymag除醛卡的工作原理不是吸附，而是将甲醛彻底分解成二氧化碳和水。”

伯恩斯在《领导论》中对卓越领导的描述是：“着重于为员工追寻意义、替企业创造使命”。姚文俊的员工说，从老板身上学到的最重要的一点就是：无论是企业还是个人，都需要为社会创造价值。

创业时期的艰苦，姚文俊已经不记得了。他的说法很有意思，“当时可能觉得苦，可是现在回忆起来只有幸福，所以根本不觉得苦。”姚文俊告诉导报记者，无论是做磁电科技还是现在投入开发的环保项目，他都十分重视研发，公司的技术团队由国外特聘专家及国内专家领军人物组成，涵盖多种学科，也拥有自己的许多专利。这些研发力量的集结，最有力地帮助他实现心中人与社会和谐生态的梦想。

在他的规划里，实现自己的梦想才是最重要的。未来，他梦想建立自己的生态圈企业集团，成为中国磁电行业的领跑者。

万维塑业：“以塑代钢”中“挤”出新天地

记者 安宇 通讯员 冯棋刚/文

创业悟语

直到2015年，我们才有了申请专利的想法，现在想想当时的知识产权保护意识真的落后了。以前市场竞争靠产品，现在更多的是靠专利技术。

——绍兴市万维塑业有限公司董事长 金木根

样本意义

经历波峰浪底后，万维塑业董事长金木根深有感触：企业足够强大，才能拥有抗风险的能力。那么，企业如何足够强大呢？那必须要有人无我有的核心技术、人有我优的高质量产品，还有一个成功企业家应具备的那些特质——诚信、创新、坚守、匠心……

“在塑料挤出行业，我们的目标不是做第一，而是做强做精，保护企业知识产权，助力塑胶挤出行业的成熟和发展。”近日，《市场导报》记者走进绍兴市万维塑业有限公司（简称“万维塑业”），董事长金木根谦逊而肯定地对记者说。

万维塑业位于绍兴市袍江新区，成立于2008年。董事长金木根带领企业穿越浮华，秉持初心，从单一的模具生产朝向多元化发展，用踏实真诚的态度制作出的高质量塑料挤出制品，赢得了消费者的认可。

“产品品质”“技术创新”“知识产权”“抗风险能力”……在大部分企业都备感压力的经济现状下，金木根提到的这些关键词，成为万维塑业持续发展壮大、勇立市场潮头的秘诀。

从生产模具到生产模具延伸产品

“我们最早是专注模具生产的企业。做好的模具需要修模调试，调试需要设备，为此我们购置了一条生产线。” 金木根告诉记者，由于生产线使用频率为5~7天一次，设备闲置造成的资源浪费，让他萌发出拓展业务的念头。

纵观国际市场特别是欧美等发达国家，塑料发泡材料的年消耗量约占塑料总消耗量的10%，并且以每年20%的速度增长。这些材料密度小、比强度高，因为良好的隔热保温性和节能环保等优点，被广泛应用在建筑、汽车、各种家庭生活用品和食品包装等各个领域中，与我们的生活息息相关。

有远见的金木根意识到塑胶挤出行业的发展前景，他将原有的生产线利用起来，并正式接受订单，打开市场。

为生产出高质量塑料挤出制品，他组建技术团队，依托关联企业和行业内的众多专家及技术人才不断攻克技术难关，产品质量得到飞跃式提升；订单日渐增多，为保障交货周期，他又继续投入资金增加生产线，并正式创立万维塑业有限公司，全面开展研究开发、生产加工、销售服务、工程安装、技术转让及培训等系列化服务；厂房不够大，他开始在全国各地寻找合适的厂址，如今已实现浙江、安徽、辽宁三个生产基地同时运作，发泡产品出口至北美及澳洲市场，最“疯狂”时每周要出货三个大货柜……

“事实上，我们并没有脱离模具行业，而是从生产模具到生产模具延伸产品，双轮驱动实现多元化发展。原来的模具工厂也依然在稳步运作，可以为客户提供从模具设计、模具制造、配方设计、材料挤出等一条龙服务。”

企业足够强大，才能拥有抗风险的能力

独立的实验室，各类先进的生产设备，每年投入150万元用于技术研发……如今，万维塑业所生产的每一个产品都符合国家相关行业要求，每年都定期将所生产产品进行质量测试。凭借良好的管理模式及强大的生产体系，产品的品质及交期得到了很好的保证，也为万维塑业带来了更多适合市场的产品、更高的质量、更多的订单和更好的口碑。

然而全球经济风云变幻，回首过往，万维塑业也曾遭遇各种困难。如何在市场竞争中抵抗风险稳步前进，金木根给出的答案是：让企业变强大。

“直到2015年，我们才有了申请专利的想法，现在想想当时的知识产权保护意识真的太落后了。以前市场竞争靠产品，现在更多的是靠专利技术。”金木根说。

回首那年，万维塑业陷入知识产权纠纷。“我们花费大量资金引入人才和技术，但产品上市不久，市场上就出现了同款产品。我们要求打官司，但那时没有律师接手专利纠纷的案件，最后只能私下调解，给企业造成了一定损失。”

2015年，企业开始强化知识产权保护意识，提高知识产权创造质量，逐步将配方和模具作为专利申请，防止技术外流。截至目前，企业拥有实用新型专利8项、发明专利2项，同时是国家高新技术企业、浙江省高新技术企业、中国塑料加工工业协会硬质PVC发泡制品专业委员会理事单位。

江苏某公司与万维塑业是多年的合作伙伴，对方负责将产品出口美国，万维塑业负责做密封板。然而受经济大环境影响，大量出口订单被取消，上

游企业的员工放假，车间也空荡荡。作为下游企业，万维塑业积压的大量库存失去销售通路，只得粉碎掉。

"这是非常大的打击，给企业造成了四五百万元的损失。那是2015年，上游企业的资金链断了，我们的货供应不出去，堆积了大半个仓库。虽然无奈被粉碎，但我们还是挺过来了。"金木根感慨，知识产权、资金、技术、人才等瓶颈，每个发展中的企业都会碰到，所以必须让企业强大，才能拥有应对不可预测风险的能力。

打造上市蓝图，拥抱"中国制造2025"

技术与人才是企业发展最重要的生产力。除了企业自己培养员工外，万维塑业在创立之初就与浙江大学、河南工业大学、北京农业科技大学等进行产学研合作，同时与绍兴工学技术学院达成校企合作关系。

依托高校技术与人才资源，这些年，万维塑业潜心致力于PVC塑胶挤出行业的研发与生产，在塑料挤出制品的设计、制作、加工等各方面本着"以人为本、实事求是"的态度，无论设备还是技术，都处于行业领先地位。

"诚信、创新、坚守、匠心……一个成功的企业家应具备各种特质。"近年来,习近平总书记多次提到"企业家精神"，在金木根看来，企业家精神就是各类特质相辅相成，它如同自行车的链条，必须一环紧扣一环。无论哪个细节出了问题，企业都无法顺利前行。

与此同时，一个勇闯资本市场的发展蓝图也在金木根心中发酵——万维塑业创立至今始终坚持"低能环保、以塑代木、以塑代钢"的原则，并迅速、及时地研发和生产出更多品种、更多色彩的塑料挤出产品，以充分满足全球客户的需求。“我们近五年的目标就是登陆创业板，提升综合实力加速壮大，从而推动产业发展。”

金木根表示，如今“中国制造2025”的战略正在重塑产业格局，我国正积极从制造大国转向制造强国，万维塑业也立下了“做强、做精”的志向。“我们会乘着制造业发展的东风继续深耕，通过技术创新、人才培养和全新的‘互联网+’思维，在模具和塑料挤出行业大展拳脚，为绍兴制造的崛起贡献自己的力量。”

商翔科技：
打造数字贸易“外贸样板”

记者 何颖/文

创业悟语

在信息化的时代，我们要学会用技术改变产业，将企业能力与IT创新相关联，外贸企业才能在激烈的竞争中跑出自己的加速度。

——浙江商翔网络科技有限公司董事长 王文军

样本意义

思路总比困难多。有时候，困难就是潜在的商机。商翔科技就是从洞察外贸公司的管理漏洞中找到了巨大的市场，一击而中，在助推外贸企业的发展中也加速了自己的发展。

义乌，是一座富有传奇色彩的城市。每天，有30万名中外客商在这里洽谈生意，10万吨商品从这里流向215个国家和地区，是名副其实的“世界超市”。

当同质化竞争和小商品的天然短板挤压着义乌的市场生存空间时，这个善于自我革新的城市以“互联网+”为支点，撬动商贸市场和城市转型，全面破解时代之问。

浙江商翔网络科技有限公司就是在这样的转型中脱颖而出的。诚如商翔科技的董事长王文军所说:“我们虽不生产产品，但对国际贸易的所有环节，我们都会提供相应服务，方便中小微企业客户进行贸易的同时还帮助它们降低成本、规避贸易风险。”

深耕外贸服务领域

2000年前后的义乌，小商品市场已经小有名气，改革开放后的第一批创业者绝大多数都已经完成了资本的原始积累。对于中途入场的王文军而言，和这样一群选手在同一块场地上赛跑，难度可想而知。

没有太多的资金，没有实力去投资办厂，王文军另辟蹊径，选择从服务业入手。2000年，他成立了一家外贸公司。“义乌是号称全民经商的地方，贸易服务领域的市场需求很大。”

创业初期，异常艰难。有人这样形容义乌的货柜——“一个货柜就是一个小超市”，常常货柜里拼凑了20多种小商品。哪怕是在炎热的夏天，王文军和他的同伴们也要钻进闷热的货柜里，手拿尺子，一个个将客户货物所占空间量出来，好方便各家结账。“你几个平方米，我几个平方米”，就在这样的琐碎服务中，以踏实肯干的劲头，招徕越来越多的客户。

自身就是从小企业起步，王文军更能体会小企业在创立发展过程中遇到的各种艰辛。推己及人，他更是想尽办法，开辟一个又一个服务项目，以辅助中小企业走向成功。

引领移动智能办公潮

2014年，随着企业规模越来越大，发展脚步越来越快，整个企业组织存在各种边界，导致管理的“信息贫瘠”。

这让王文军意识到继续依靠传统管理方式是行不通的，必须通过信息化管理手段辅助企业经营管理。

当时，摆在王文军面前有两个选择。从市场上购买一套成熟的ERP系统，或者是自主研发一套ERP系统。直接购买当然要比自主研发来得容易和便宜，但王文军却不这么认为，“当时市场上的外贸企业ERP系统都是基于广东外贸企业模式进行开发应用的，而义乌的外贸方式和广东有着很大的区别，直接使用购买的ERP系统可能会出现‘水土不服’的现象。”

于是，王文军决定自主开发适用于义乌外贸企业的ERP系统。“在信息化的时代，我们要学会用技术改变产业，将企业能力与IT创新相关联，外贸企业才能在激烈的竞争中跑出自己的加速度。”

2015年8月，浙江商翔网络科技有限公司成立。

针对外贸企业管理瓶颈，商翔科技对义乌整个外贸市场进行了深入调查，为其部署了一套集销售管理、客户管理、协同办公、人事管理等功能模块于一体的个性化系统，以优化管理流程，提高工作效率。

销售订单是企业销售业务中最基本的单据，也是与客户往来的重要依据，商翔科技以订单管理为核心，实现对产品信息、销售过程、客户信息的全面管理。从订单提交到审核，从发货到库存，都能将其纳入信息化平台，实现管理的一体化。而且系统能根据单据数据自动生成各种统计报表、统计图，让管理者随时查看企业产品的总体销售情况，为其科学决策提供了依据。同时，系统还能解决日常办公中的单据审批、费用报销、请假申请等问题，提高了日常办公效率。

公司成立至今，已拥有资深软件开发、WEB前端开发、资深软件测试、数据维护等60名技术研发人员。成功开发了适合市场采购贸易方式及一般贸易方式的企业ERP系统、高可靠性的金融管理系统、支持多用户大数据的快递系统等。

打造数字贸易“外贸样板”

在外贸行业摸爬滚打了十几年，王文军发现，外贸行业存在着严重的信息不对称。一边是渴望更多网销订单、更多获利的产品供应商，另一边是常感到“无所适从”的海外采购商，两者的信息不对称，线上线下难以更顺利地融合，导致国内供货商和海外采购商的关系始终难以顺畅。

王文军给记者举了个例子，比如美国的一个客商需要采购1万只单价为5元人民币的玻璃杯，如果他来义乌商贸城采购的话，要逛完所有售卖玻璃杯的摊位可能就需要两三天的时间；如果他通过速卖通或者阿里巴巴这类网上平台采购的话，要浏览完所有跳出来的搜索页面可能需要一天的时间。“在这个过程中，这个美国客商还需要花费大量的精力去进行筛选，最终找到自己需要的目标供应商。”

王文军开始思考，能否搭建一个平台，来帮助海外采购商和国内供应商更高效地进行需求匹配呢？“这个正是我们所擅长的，十多年的外贸经历让我们掌握了大量的海外采购商和优质的终端供应商的信息。”

王文军和他的商翔科技利用逆向思维，从海外的需求端出发，搭建了商翔优选平台。

在商翔优选平台存在众多活跃的服务商，用户需要外贸服务时，可通过发需求的方式，定制自己的专属服务。需求发出后，有能力有兴趣接受此类服务订单的服务商将参与竞标，给买家用户提供自身信息并给予报价。买家用户可在众多服务商中选择符合自己要求的一家达成合作。如果没有满意的可以不选，直到买家用户找到满意的匹配服务商。

与其他平台相比，商翔优选的服务招标定制功能更为人性化，贴近实际用户：没有比用户更了解自己需求的人了，在通行的外贸规则基础之上，可以照顾到不同用户需求的小细节，服务以细节动人；同时，通过公开招标的形式，用户省略了繁琐的比价还价环节，往往能更快捷地找到更优的价格。

买家用户除了通过发布需求来寻找匹配的服务商以外，还可以通过服务商发布的服务详情页面直接下单，订购某个感兴趣的服务商的服务。

有一家海外采购商要采购的产品有数百种，单一产品采购数量很少，同时交货期要求比较急，一时找不到合适的供应商。最后，这家企业通过商翔科技的商翔优选平台，很快找到了供应商，实现了采购配对。在一年多时间里，这家海外采购商完成采购额8000多万元，节省了400多万元的采购成本。

2016年，对于商翔科技来说，是一个新的起点。这一年的12月，浙江商翔网络科技有限公司正式挂牌新三板，股票代码870100。

对于未来，王文军信心满满。“未来商翔科技将一如既往地坚持企业自身的经营理念，加强资产优化配置，整合集聚资源优势，强化投融资功能，加大‘商翔优选全球贸易供应链综合服务平台’研发推广力度，为全球贸易提供优质服务，做强做大做优服务品牌。”

三箭工贸：
在小竹子上雕出精美花朵

记者 潘玮琳/文

创业悟语

不求企业规模多大，只求把企业做得精一点，美一点。

——浙江三箭工贸有限公司总经理 季加贵

样本意义

技术研发过程就是创造的过程，也是追求完美的过程。技术上接二连三的研发突破，让三箭公司的产品在市场中独树一帜，并成为业界领航者。

在丽水市庆元县，在浙江的最南端，有这样一家小微企业，它专注于技术研发，在一棵小小的竹子上雕出了精美的花朵。因为它的专注，所以显得那么的与众不同。

这家企业就是浙江三箭工贸有限公司。近日，《市场导报》记者走进这家公司，一探它的生存奥妙。

恶性竞争之痛
从贴牌走向实业发展

“恶性价格竞争之痛，让我从贸易型企业转向工贸型企业发展之路。”浙江三箭工贸有限公司总经理季加贵，这样道出了心声。季加贵带领的三箭公司，2011年在福州创立，开始时是贸易型企业，专门从事竹产品的贸易。2013年后，越来越多的商家卷入价格战，贸易的利润逐年摊薄，为了生存，季加贵进入生产行业，以“三剑”品牌研发了竹家具行业中第一款产品竹制鞋架。

当时市场上的鞋架多数是木制，或者是金属制作，价格高、款式单一。竹制鞋架一上市，反响非常好，既美观价格又适中，一下就成为市场的宠儿。季加贵回忆，当时，外贸企业非常喜欢他生产的产品，他的产品一做出来，很快就能达到一年的销售目标。可是，由于产品没有太大的技术含量，一夜间就被市场效仿。仿冒者以压价来抢夺市场。这样的桥段经常在市场上上演，让季加贵苦不堪言。

产品差异化
从小企业走向行业翘楚

“产品走差异化，才能生存下去。”多年的经营，让季加贵悟出了这个道理。于是，季加贵带领公司从福州回到了浙江丽水庆元，立足庆元本地丰富的竹材资源，加大产品研发投入，探索竹制家具深加工之路。

他专门在公司设立研发部，还外聘相关专家。公司一半以上人员专职从事新品开发。这样一家小微企业仅投入研发经费就达220余万元。截至目前，公司已申请专利100多项，其中发明专利15项。

筷子自动拉漆机、竹皮雕产品等等，都是行业中零的突破。2014年，公司对高档竹筷的自动拉漆机投入研发，经过三代机的成型取得成功。从此，筷子拉漆工艺机器取代人工，效率提高了5~6倍，产品质量稳定性大大提高。该项目研发列入2014年庆元县重大科技项目，2014—2016年庆元县科技进步一等奖项目。竹皮雕产品可以说是竹家具行业的新生代产品，三箭工贸利用皮雕复合竹家具技术取得突破，引领行业发展。2015年年底，公司开始系列化生产竹皮精雕产品，并形成规模。

技术上的研发，让三箭工贸的产品在市场中独树一帜，成为业界领航者。因为具备技术含量，三箭产品在市场中难以被仿制。目前，三箭工贸致力于竹木制家居生活用品研发、生产、销售，拥有精雕、皮雕、弯曲等多项核心技术，已有发明专利14个，实用型专利25个，外观设计专利56个，是国家高新技术企业、省股权交易中心创新板挂牌企业、AAA级守合同重信用单位、消费者信得过单位。在国内有30多个总代理，200多家经销商，产品符合欧盟标准，远销东南亚、欧美、日本、韩国等国家与地区。

科技创新
让企业发展更具生命力

季加贵自己就是技术出身，在公司发展的过程中，他起到了非常重要的作用。在生产过程中，他和技术团队一起研究探索，赋予竹制家居更多的技术含量。

2015年8月初，他如期参加上海家居产品展会，无意间了解到一位日本客商在寻找能制作竹条异形弯曲工艺的厂家。他了解到这个信息后，认为这一技术事关行业技术的突破和外贸业务的拓展，决定对异形弯曲技术进行研发，投入资金、技术、人力制作相关生产设备。

研发就是创造的过程。功夫不负有心人，经过三个多月的试制，第一代电加热竹条弯曲异形设备终于诞生。日本客商得知消息后，立刻赶到庆元。当他亲眼看见了设备功效后，当即主动决定投资，追加技术投入的资金，让该技术更成熟、更完善。

研发过程也是追求完美的过程。公司技术人员发现电加热能耗过大后，进行了以蒸汽加热代替电加热的第二代弯曲技术的研发。技术团队加班加点，不断改进相关技术，反复试验，终于取得第二代蒸汽发热弯曲机的成功。目前，第二代异形弯曲机已成为公司的核心技术，并进入产业化、规模化生产阶段，大大提升了企业的竞争力。

季加贵告诉记者，他们公司目前正探索第三代蒸汽发热八片模具成型竹条弯曲机智能化自动化的技术攻关。在不久的将来，公司将形成智能控制的自动化生产车间，又可大大提升产品品质和产能。

随行采访的庆元县市场监督管理局企业科领导告诉记者，他们的技术曾被行业中的龙头企业看中，要求出资购买该项技术，但是被季加贵拒绝了。季加贵认为，技术是团队辛苦创造出来的结晶，虽然被收购后能获得丰厚的资金，但是企业未来的发展就有可能受制于人。

科力软管：
重新定义“中国软管”

记者 何颖/文

创业悟语

掌握了最先进的技术，也就拥有了行业话语权，小微企业转型发展必须走一条自主创新的道路。

——科力软管有限公司董事长 周洪其

样本意义

居安思危，这是一个企业在大浪淘沙中存续下来的关键所在。正是基于这样的思路，科力软管“面壁十年图破壁”，从仿造外国产品到自己研发产品，成功打入美国市场，最终实现“腾笼换鸟”的梦想。

磐安的尖山镇是有名的塑料软管基地。经过30多年的发展，小软管已经形成了大产业，占据全国70%以上的家用电器软管市场，并远销美国、欧洲、中东等国家和地区，素有“一根管子通天下”的美誉。

作为块状经济的产业基地，尖山“中国塑料软管城”同样面临着如何突破发展瓶颈、加快转型升级的课题。

令人惊喜的是，这里的企业主已经意识到这一点，正在通过加大新产品研发来重新定义“中国塑料软管”，磐安县科力软管有限公司就是其中的代表。

小山村第一家个体私营企业的“腾笼换鸟”之路

说起科力软管的创始人周洪其，可是尖山镇，乃至磐安县的“红人”。早在1984年，周洪其就在尖山镇光洋村创办了磐安县第一家个体私营企业，生产塑料软管。由于经营得当，周洪其的塑料软管企业一直做得风风火火的。

然而，经过十多年的发展，和所有传统企业一样，科力软管也遇到了成长的天花板。尤其是随着磐安越来越多的企业进入塑料管业，企业之间的恶性竞争越来越严重，利润也越来越低。

“塑料软管的科技含量并不高，同行业企业间模仿能力强，大家只能打价格战，一根塑料软管从最早的40元卖到了后来的两三元。”在周洪其看来，要走出这种恶性竞争，必须进行技术创新，研发出“我有人无”、拥有技术专利的产品。

可是怎么样的产品才是既有技术含量又有市场空间的呢?

就在这时，伊莱克斯公司驻上海采购代表沈文琴拿着一根耐高温密封条，找到正在上海开会的周洪其，抽出中间的网管说:“这根网管在美国要1美元。我们公司每年要订300万根，你能不能生产？”

这对于当时正准备“腾笼换鸟”的周洪其来说，简直就是及时雨。于是，他便将这根管子带回厂里。

技术创新是企业发展的内在动力。“掌握了最先进的技术，也就拥有了行业话语权。”周洪其说，小微企业转型发展必须走一条自主创新的道路。

话虽如此，可自主创新的道路从来都不是一帆风顺的。

“你可别小看这一根小小软管，它的生产难度很大，尤其是其中0.125毫米细的钢丝网管，编织程序复杂、精密度要求高，当时在世界上也没有几家能生产，而在国内更是空白。”在周洪其看来，一旦自己研发成功，对于软管行业来说意义重大，市场前景也很大。更重要的是，科力软管就能成为这个行业的国内领先者，也就能把握这个市场的主动权。

没有经验可借鉴，周洪其投入上百万元购置设备，经过无数次试验，终于在2003年用土办法生产出网管，并送到伊莱克斯公司总部检测。

然而，两个月后，伊莱克斯的回复却给了周洪其泼了一盆冷水。伊莱克斯表示，网管做得不错，但与美国公司的专利相似，很遗憾他们没法采用。

在当时，很多人认为，搞这些研究干什么，投入这么多，结果还不是失败？还不如安安心心把做了十几年的塑料软管继续经营下去。可周洪其却不这么认为，他说：“老的生产模式、老的经营方式现在可能还能挣钱，但是再过个五年、十年呢？企业不创新肯定会被淘汰。公司要发展，就要进行创新，就要迎难而上。”

有关专家建议周洪其重新设计，干脆做完整的产品——耐高温密封条。

周洪其变卖了家当，还借了300万元，带着儿子周益智一头扎进实验室。就这样，在反反复复的试验中又过了三年。2006年，科力软管不仅自主研发出了耐高温密封条，还自主建成了一条能生产精细不锈钢网管和耐482℃高温的玻璃纤维密封条的流水线。因此，科力软管获得了国家发明专利。

消息一传出，就有美国公司找上门来，提出要用几百万美元收购其专利，并建议他用这笔钱周游世界享清福。一番话却把周洪其激怒了，他不仅大声说“不”，还反问前来谈判的跨国公司代表：“好东西难道就一定都要卖给外国人！我就要把它留在国内，留给子孙后代！”

走在科技创新的大道上

2008年，周益智接过父亲的接力棒，继续对产品进行技术创新。“我希望自己不仅仅能继承老一辈的成果，还能在困难面前继承老一代企业家吃苦耐劳的精神。”周益智说。

2009年，科力软管在产品卡扣技术上取得突破，并向国家有关部门提出专利申请，凭借这一突破，产品打入美国市场。

2010年8月和9月，“一种用于将密封条或类似装置固定于安装表面的卡扣”“将带有波型凸起底座的卡扣装配到密封条上的设备”先后获得国家专利，公司整合两项技术后向美国有关部门提出专利申请，2012年7月10日，获得美国专利批准。“获得美国专利意味着产品技术突破了美国同类产品水平，为公司今后拓展国际市场提供了‘通行证’。”

从接手公司之后，每年周益智都会拿出销售额的10%用于科技研发，不断为公司注入新的生产力。在注重科技研发的同时，周益智还不断引进先进人才。目前，科力软管60多人的团队，技术研发人员占到了12人。

周益智说，技术研发的投入，牺牲的是部分眼前利益，却为科力软管带来了更高的质量、更好的口碑。“科技型企业是一个积累的过程，需要的是持之以恒的投入，一旦量变达到了质变，企业就会有一个飞跃式的发展。”

德隆氟塑：
“塑料王”里践行“互联网+”

记者 夏燕 文/摄

创业悟语

这些年企业一直保持着较为稳健的发展势头，销售额每年都有一定幅度的增长，提取一定比例的利润进行产品研发已经成为企业多年来的惯例。

——浙江德隆氟塑科技有限公司董事长 沈建华

样本意义

这是一家甩开两条腿均衡跑步的小微企业。它一方面潜心于企业的研发能力与产品质量，另一方面又积极创新销售模式开拓市场，在全球范围内很好地践行了“互联网+研发+产品”的发展路子。

位于武康镇的浙江德隆氟塑科技有限公司，是一家专业生产聚四氟乙烯板材、棒材、管材、垫片、填充增强制品、铁氟龙异形件、化工防腐产品等的企业，年生产制品能力达500吨以上。

“聚四氟乙烯被称为‘塑料王’，应用很广泛。我们的原材料达到了美国FDA食品级的标准，非常环保。”董事长沈建华介绍，虽然聚四氟乙烯说起来很拗口，但生活中聚四氟乙烯制品用途广泛，心脏搭桥的软管、平底锅的不粘涂层、桥梁楼梯等建筑的滑块、去静电的薄膜、各种防腐密封耐高低温的部件……如今，航空、石油、电器、化工、机械、建筑、轻纺、食品、医药等，各行各业都有聚四氟乙烯的身影。

用技术和质量说话

时至今日，在沈建华看来，如果一定要对德隆氟塑的核心竞争力加以概括的话，那么答案肯定是这几个字：企业研发能力和产品质量。

作为一家小微企业，对多数人来说，德隆氟塑一定是陌生的。不过，在聚四氟乙烯行业内，这绝对是一家有影响力的企业。因为，德隆氟塑用短短三年时间就走到了行业领先的位置。2015年9月，德隆氟塑还成了浙江股权交易中心创新板挂牌企业。

目前，德隆氟塑是国内唯一一家能生产聚四氟乙烯坯料直径达600mm的企业，这也是企业处于行业领先的关键。在国际上，也只有意大利、日本两国的企业有这样的生产能力。

“直径越大，产品的出材率就越高，对我们企业来说也可以提高生产效率，降低成本。”沈建华介绍，等压坯料直径400mm的产品，出材率只有88%~90%，但是达到了直径600mm的坯料，出材料提高到了96%~97%。出材率的提高，无疑能让企业成本降低。

此外，各类聚四氟乙烯定制异形件是让很多企业头痛的事情。但是，对于德隆氟塑来说，在强大的创新、制造能力面前，各类聚四氟乙烯异形件的定制也都不是问题。

“这些年企业一直保持着较为稳健的发展势头，销售额每年都有一定幅度的增长，提取一定比例的利润进行产品研发已经成为企业多年来的惯例。”沈建华说。

不仅仅是技术创新。采访中记者了解到，在产品质量的打造方面，德隆氟塑始终把追求精益求精当作终极目标所在。

“现在竞争越来越激烈，想要在市场上站稳脚跟，就必须有过硬的产品。"沈建华说，产品质量不是单纯检验出来的，也不是宣传出来的，它有一个产生、形成和实现的过程，在这个过程中的每一环节都直接或间接影响到它。

"从原料到生产，再到包装，每一道生产流程我们都有严格的标准，没有达到标准的产品绝对不允许出厂。"他说。

谈及企业开拓的市场，沈建华表示，和不少行业企业不同，德隆氟塑目前国内外销售市场的比例在6:4左右，也就是说，其产品出口占据了不小的比例。

"产品出口的国家和地区主要集中在北美、欧洲、亚洲的中东等地。"沈建华透露，虽然眼下国际市场日趋复杂、贸易摩擦加剧，但只要练好内功，抓住机遇主动去拓展，还是能开创属于自己的一片天地。

线上拓市场

近年来，面对外需不足的境况，德隆氟塑一直通过销售模式的创新来拓展自身的市场份额。

"通过入驻国外B2B网站的方式，让国外有需求的客商更快捷地找到我们，这样的销售模式，是我们的一种创新。"沈建华说。

"我们起步晚，可以说是新进入的一家从事聚四氟乙烯生产的企业，跟着别人做肯定不行，必须要让顾客来找你。"他坦言，前几年市场行情不错的时候，德隆氟塑主要也是通过阿里巴巴网站寻找客户和订单。然而，随着国际外贸形势的下滑，预感到阿里巴巴网站上的B2B销售可能会遇到瓶颈，沈建华就开始想新办法。

国内的销售可以通过阿里巴巴这样的B2B网站，那国外也会有这样的B2B网站来为企业服务。正是想到这一点，沈建华在韩国的B2B网站进行了注册，提供了企业和产品信息。很快，他的尝试就收到了效果。

“国外本土B2B网站来的顾客更有效、更真实。”他说，此后企业又陆续入驻了新加坡、俄罗斯、印度、巴西等多个国家的本土B2B网站，从而有效地吸引到了新客户，并获得了纷至沓来的订单。2018年，产品销量预计提升36%~38%，销售额提升18%~20%。

“国外顾客直接找到我们，不仅省去了经销商环节，而且吸引了更多更有效的顾客。”在这种创新销售模式下，沈建华表示，企业还有了更多的选择，从不做欠款的生意，从而保障了企业资金的有效运转。

线上销售之外，还有展会。

沈建华认为，接下来外贸形势依然严峻，除不断创新销售模式外，对展会这种传统模式也要更充分地加以利用。

据悉，近年来，德隆氟塑把参加大大小小的国内外展会视为拓展市场的有效路径。比如仅2016年一年，就参加了美国NPE塑料及模具展、德国杜塞尔多夫国际塑料及橡胶展览会等多场展会。其中，德国杜塞尔多夫国际塑料及橡胶展览会是目前世界上规模最大、水平最高、最具专业代表性的塑料盛展。

“对我们来说，参展的成效比较大，因为在展会上，可以和客商进行面谈，增进了解。基本在每个展会上，我们都有进行客户的开发。”对此，沈建华称，得益于政府部门对小微企业的扶持和帮助，德隆氟塑这些年在展会方面取得了不错的成绩。

接下来，企业将继续迈开脚步“走出去”参展。

“如果能把外贸市场的脚跟站稳了，就能更好地开拓国内市场。”他表示。

五

『小而强』

关键词 行业标杆

行业标杆：笑傲专业领域的王者

走近浙江小微之星，不难发现，这些看似不为人熟知的小企业，很有可能是某个细分领域的领头羊，是占据那个行业的王者。

用12年时间，赵海潮将信孚娱乐打造成为国内一流的游乐设备生产企业，并把索道这个单项产品综合实力做到了国内领先，技术水准能与世界水平叫板，成了国内索道国家标准起草单位。

做交通领域的"安全专家"的博达伟业几年磨一剑，致力于研发"道路行车安全智能保障系统"，承担起了国家《道路交通安全科技行动计划》重特大道路交通事故综合预防与处置集成技术开发与示范应用项目中的"公路网安全保障体系"子课题的研究，参与起草《雾天公路行车安全诱导装置》行业标准。而参与制定行业标准，就意味着博达的产品和技术在行业内已遥遥领先。

恒齿传动用三年多时间、飞跃式的发展，成了减速机行业的翘楚，它又投身环保产业，在污水处理领域，成为国内的佼佼者……

行业标杆，就是经济学家念兹在兹的"隐形冠军"。很多年前，经济学家赫尔曼·西蒙在《隐形冠军》一书这样写道：一个国家若想取得出口成功，确实需要大公司，但是如果想做到表现超群，必须依靠那些拥有强大国际竞争力的中小企业，后者就是"隐形冠军"。

在十多年前，浙江财经作家吴晓波就断言："对浙江而言，扶持1000个隐形冠军远远比培育一个世界500强企业更为现实。"

可喜的是，随着我国工业化进程发展，中国企业掌握的核心技术、工艺水准不断提升，在许多细分领域，不少浙江中小企业已经成为中国市场、甚至全球市场的引领者。它们的崛起，对于中国打造现代化强国具有十分重要的战略意义。

它们或名不见经传，却往往掌握着某个领域内的世界顶尖技术及专利；它们不追求"大而全"，专注于"小而特"，看重技术研发，善于经营"缝隙市场"；它们的产品虽是小部件，制造上却精细高质，功能上不可或缺；它们利用自己的创新能力颠覆产业，重新定义产品的界限。这些隐形冠军，就像一个个螺丝钉，嵌入整个产业体系，浑然一体。

信孚娱乐：索道行业的“单打冠军”

记者 安宇 实习生 王尹希 /文

创业悟语

创业至今12年，我们始终按照自己的发展步调前进，稳扎稳打，稳中求胜。做企业，专业技术要精益求精，经营态度要收放自如。

——诸暨市信孚娱乐设备科技有限公司总经理 赵海潮

样本意义

对初创企业来说，机遇弥足珍贵；对存续发展的企业来说，不变中求变更重要。“市场环境在改变，企业也必须跟着变。”不变是不变初心，立足专业做到极致；变是顺应时势，果断突入新蓝海。

在诸暨，有一个山清水秀的好地方——浬浦镇。随着当地“文旅浬浦”与农村经济的提升发展，一家藏匿山中的游乐设备生产企业逐渐走入大众视野。

“创业至今12年，我们始终按照自己的发展步调前进，稳扎稳打，稳中求胜。做企业，专业技术要精益求精，经营态度要收放自如。”作为诸暨市信孚娱乐设备科技有限公司总经理，赵海潮如是说。

顺应时代，消费环境催生企业发展

20世纪80年代末，赵海潮从浙江理工大学机械专业毕业，在当地的娱乐设备厂家做起了技术人员。2006年，他选择自主创业，谈起初衷，赵海潮说当时的自己并没有怀着巨大野心，不过就是顺应了时代发展。

“刚踏进这个行业是1995年，当时的游乐设备生产还是个冷门行业。伴随着旅游业和娱乐消费市场规模的不断攀升，我发现买票进入游乐景区的人越来越多，未来或许会成为居民消费的新热点，于是创立了信孚娱乐。现在看来，把握机遇很重要。”

从最初做主题乐园中的摩天轮、海盗船、碰碰车等项目，到如今研发生产大型景区的互动设施，短短12年，赵海潮已将信孚娱乐打造成为国内一流的游乐设备生产企业，并把索道这个单项产品综合实力做到了国内领先，技术水准能与世界水平叫板。2008年，信孚娱乐成了国内5家索道国家标准起草单位之一，赵海潮被聘请担任全国索道与游乐设施标准化技术委员会委员，引领行业的技术创新。而他的核心竞争力，就是让企业发展跟上客户需求，跟上市场变化。

“市场环境在改变，企业也必须跟着变。”赵海潮告诉记者，这些年，公司也逐渐从单项产品向其他游乐设备拓展，实现整体游乐公园的总承包。2017年，信孚娱乐还投资8000多万元在衢州建造儿童公园，从生产游乐设备向投资游乐行业转型。

尽管大型娱乐设施、整体游乐公园总承包的技术要求高、建造难度大，但在赵海潮看来，每完成一个项目，就像解出一道难题，这种带有趣味的挑战，让他特别有成就感。

挑战极限，把索道做到世界领先

2017年4月，信孚娱乐完成了与仙居方岩背景区的签约。据介绍，方岩背景区计划打造飞翔乐园，设计建造64条空中滑索，其中长1000米以上的有24条。而这些滑索的索道，将全部由信孚娱乐公司负责生产安装。

一条看似简单的索道，其跨度、高度及滑行的姿态和速度，都是产品技术含量高低的体观。目前，国内索道一般跨度在400米以下，而赵海潮挑战极限，已经把索道的跨度做到了1500米，落差330米。

“国内难度系数大的索道基本由我们公司生产，有些项目则会事先介入规划设计，和规划设计单位共同制定设计方案。比如方岩背景区的项目，就是我们和上海同济大学共同规划完成的。”

赵海潮告诉记者，目前信孚娱乐的产品几乎覆盖了全浙江的景区，尤其是索道单项产品已成为国内的冠军，并在逐步打入国际市场。那么，他带领信孚娱乐走在行业前端，实现高速发展的“法宝”又是什么呢？

“我一方面利用自己所学的专业知识不断攻关索道技术，另一方面也要走出国门学习吸收国外先进技术，不断更新改造自己企业生产的产品。”

这些年，信孚娱乐相继通过了国内ISO9001认证和国际CE认证，拿到了出口的绿色通行证。曾经，万达集团以前一直采购国外的游乐设备，2015年，信孚娱乐凭着过硬的技术，成为万达集团的指定供应商。随后，恒大集团、海航集团也纷纷抛来绣球。2017年，信孚娱乐与上海世茂集团、仙居天空之城的滑索项目也谈起了合作。

随着一个个更具特色、更具魅力的产品投入市场，信孚娱乐的订单开始应接不暇，销售业绩也呈爆发性增长。赵海潮决定新征土地扩建车间，扩大生产规模，但猛增的业务量，也曾让他犯过难。

“与在激烈市场竞争中迷失方向的小企业不同，我们发展过程中最大的困难竟是人手跟不上业务的增长。”赵海潮笑称自己脑海中已有明确的企业定位，只求“小而美、小而精”，做到思维超前，力求稳中求胜。“怀抱平常心，不要因为市场需求乱了自己的步伐。我看过无数企业为完成订单大量贷款导致资源浪费，而我更希望靠着现有力量，将产品做到极致。在保证质量的基础上，闯出属于自己的天地。”

做好玩好，精益求精

或许很多人会觉得，一个成功的企业家，必须要有24小时连轴转的觉悟才得以支撑繁忙的工作量。对此，赵海潮却不以为然。

“一天上班7小时，可能在诸暨或者是浙江都很少见。我认为做企业最重要的还是心态，劳逸结合，放松休闲与认真做事两不误，这也是信孚娱乐的企业氛围。”

平日里，赵海潮最大的爱好就是回归自然。爬山，参加俱乐部和协会组织的各种休闲活动，与一群志同道合的朋友在山水中寻找乐趣，寻找灵感。

“做好玩好，精益求精”。奉行着这样的经营理念，赵海潮掌舵的这艘行业飞船屡创销售新高：一年5000万元产值，每年还以10%的速度增长。这些亮眼成绩的背后，除了企业产品优势和赵海潮稳中求胜的心态外，更不可缺少的是领航人独到的眼光。

随着海外项目不断增多，赵海潮关注起国外先进的教育模式。在他看来，国内青少年的身体素质教育相比国外还有待提升。“未来中国家庭对于青少年户外运动的投入会越来越大，这将是个超级蓝海市场，发展前景十分广阔，这也是信孚娱乐亟待突破的领域。”

谈及企业未来的发展规划，赵海潮表示自己将继续深耕游乐设备生产行业，怀抱玩乐体验的心态开发产业，横向扩展业务。同时切合时代和市场发展潮流，让全社会享受到游乐设备生产行业的红利。

博达伟业：做交通领域的“安全专家”

记者 梅雪风/文

创业悟语

博达伟业坚定自己的步伐，走科技创新的道路，研发高效有利于交通安全的产品。

——杭州博达伟业公共安全技术股份有限公司董事长 陈伟

样本意义

是选择固守成规生产普通的产品，稳妥前行，还是选择科技创新研发新产品，期待创新出奇迹？这是每一个从事实业的企业面临的抉择。博达伟业的成就让我们一眼洞穿了其脱颖而出的市场奥秘——创新。

“行万里平安路，做百年长乐人 。”这句话寄托了人们对出行平安的美好期望。长期以来，道路交通安全问题一直备受关注。

在交通领域，一次事故的预防和二次事故的预警一直是世界性的难题。杭州博达伟业公共安全技术股份有限公司在这其中看到了商机，将目光瞄准交通安全领域，专业从事恶劣自然条件下道路交通安全保障产品的研发、制造、销售和施工，让开车出行的人平安回家。

坚持创新研发，承担交通部重要课题的研究

2003年，博达伟业正式落户杭州，15年来，以生产防撞预警器、可变限速系统、突起路标、示廓标、智能拖车灯等产品为主。

公司成立之初，也曾站在岔路口上。产品的科技研发一直是一块难啃的骨头，是选择固守成规生产普通的

产品，稳妥前行，还是选择科技创新研发新产品，期待创新出奇迹？

在关键时刻，董事长陈伟审时度势，最终拍板决定立足科技研发。

在“十一五”规划期间，由国家公安部、交通部、科技部三部委共同牵头，推出了《道路交通安全科技行动计划》。2011年，博达伟业秉持着坚持研发创新的理念，和交通运输部公路科学研究院进行产学研合作，正式承担了国家《道路交通安全科技行动计划》重特大道路交通事故综合预防与处置集成技术开发与示范应用项目中的“公路网安全保障体系”子课题的研究。

第二年，博达伟业参与研发的国家级科技示范项目“智能雾区引导及防撞预警系统”首次应用于江西永武高速公路进行试验。2013年，经过一年的试验观察，这套系统通过了国家级科技示范验收，正式推向市场。

经过几年的产品研发和完善，博达伟业成功研制出全国第一套“道路行车安全智能保障系统”。从无到有，多少日日夜夜的加班加点，多少次失败的实验数据，多少文献资料的查阅，最终研发出推向全国市场的产品，博达伟业的全体成员对此感到无怨无悔，“付出的一切都是值得的。”董事长陈伟说。这套系统的研发成功在行业内引起了不小的轰动，博达伟业也顺利地完成了课题的验收。

星光熠熠成绩出色，减少交通事故功不可没

2016年对于博达来说，注定是不平凡的一年。想到在这一年里发生的事，任何一个博达人都会感到心潮澎湃。

在这一年，博达伟业正式更名为杭州博达伟业公共安全技术股份有限公司，并且挂牌新三板。博达伟业参与起草的《雾天公路行车安全诱导装置》

行业标准也正式推出。参与制定行业标准，这意味着博达的产品和技术在行业内是佼佼者。与此同时，博达还获得了杭州市企业高新技术研究开发中心证书、ISO9001质量管理体系认证证书、浙江省成长性科技型百强企业等多项含金量极高的证书和荣誉，并被评为浙江省高新技术企业。

经过两年的产品优化，博达参与研发的道路行车安全智能保障系统的技术、应用和规模化生产已经成熟，市场接受度也不断提高。两年的准备使博达具备了大规模生产和推广的能力。2017年年底，博达伟业完成了全国14个省份的示范应用，在其中两个交通事故频发的省份得到了重点推广。

产品好不好，让数据来说话，据交通部门统计，山东、河南两省在推广应用了该产品后，安装路段的交通事故发生率同比降低了八成，道路通行率提高了27%。可以说，“道路行车安全智能保障系统”在这其中功不可没。

这套系统获得的出色成绩吸引了社会各界的目光，各大媒体争相报道。中央电视台就曾两次聚焦“道路行车安全智能保障系统”，详细报道了该套系统的运行方式和取得的成效。

“近三年来，我们的业绩每年都在翻倍增长，市场份额经测算达90%，未来，我们将继续推进产品的售后延保服务。”博达伟业的相关负责人表示。

面对质疑毫无惧色，用互联技术展望美好未来

几年来，博达伟业飞速发展，创造了一个行业小奇迹，有人就曾质疑，如此大规模的铺设产品，售后维护是一个相当大的工作量，博达伟业能拿出这么多人力物力来维护吗？

面对难题和质疑，博达伟业没有丝毫的畏惧和胆怯，他们提前布局，将道路安全系统与物联网技术融合，结合“互联网+”的大数据平台，通过数据的监控和交互，后台的维修人员能清楚地知道全国各地的产品运行状况和现场环境数据，及时解决发生的问题。

国家的伟大，莫过于以改革和创新成就逐梦传奇；知识产权的荣光，莫过于用实干和业绩为发展前路铸牢根基。伴随着国家的发展，知识产权事业发展不断迈上新台阶。博达伟业紧跟时代的步伐，为所有的产品和应用系统注册了专利，以保护知识产权，保护创新技术。董事长陈伟自豪地说：“博达伟业将会继续坚定自己的步伐，走科技创新的道路，研发更加高效有利于交通安全的产品。”

对于未来，博达人也是充满希望的。他们想要通过自己的努力，推出二期产品，从设备供应商转变为服务和解决方案提供方。陈伟告诉记者，“我们立志完成全国性市场的开拓和建立、创新技术及应用的产品开发、规模化量产的产品制造，走上规范化运作的道路。”

红旗布业：
无缝墙布领域的开拓者

记者 安宇 通讯员 王凯 文/摄

创业悟语

今天，企业靠人才培养品牌，明天，品牌就能养活企业。

——绍兴市柯桥区轩尼诗装饰材料有限公司总经理 马列钢

样本意义

站在父辈的肩膀上，马列钢理应算是“创二代”，但他偏说自己是“创一代”。究其原因，85后的他走出了一条与父辈完全不同的路——创新产品、创立品牌。

在浙江绍兴，有一个叫作“华舍”的地方。被誉为“日出万丈绸”的华舍，见证着绍兴丝绸业的兴起和发展。在这里，有一家专业从事墙布生产、加工与销售的企业——绍兴市柯桥区轩尼诗装饰材料有限公司（品牌：红旗布业）。

2008年，总经理马列钢从父辈手中接下企业，从传统织布到创新产品，从跑市场到创品牌，他一直坚持稳步发展、不断创新的理念，成了无缝墙布领域的开拓典范。在获得市场认可的同时，也为柯桥经济转型升级做出了贡献。

从纺织面料到无缝墙布的转型

马列钢是绍兴柯桥人，生长在“布都”的他从小对布耳濡目染，加之家族本就加工经营纺织面料，让他所及之处都与“布”产生联系。

受家族和柯桥当地氛围影响，还在念书的马列钢就有了经商的想法。与父辈勤勤恳恳埋头苦干的方式不同，相比产品，他更注重的是创新。

“其实墙布的由来很早，在中世纪就有了。枫丹白露宫、卢浮宫、瑞典皇宫、大英博物馆等，都是把布往墙上贴。”

那是一次偶然的机会，马列钢意识到，纺织面料通过特殊处理就能变成墙布，市场前景广阔。2008年，他带领企业，开启了将纺织面料运用到墙面装饰的转型。红旗布业成了国内第一批推出无缝墙布产品的企业，市场上也逐渐响起“红旗布业是无缝墙布领域开拓者”的声音。

回顾转型打市场的这些年，马列钢感叹每一个时刻都令他难忘。特别是在全国推广无缝墙布的时期——那时的他还是大学二年级在校生，就与小团队奔波至各地市场推销业务，历时半年，自驾跑遍了全中国。

“当时中国建材市场只有墙纸没有墙布，我们需要说服别人购买墙布。初生牛犊不怕虎，我们会滔滔不绝跟对方讲墙布的优点，比如没有接缝、环保等，一家一家跑。冬天出发直到夏天才回来，北到齐齐哈尔，南到广西东兴，西到青海，推广效果很好，市场接受度高。”

站在父辈的肩膀上，马列钢理应算是“创二代”，但他偏说自己是“创一代”。究其原因，“85后”的他走出了一条与父辈完全不同的路——创新产品、创立品牌。

“品牌”成为企业发展关键词

曾经，无数的中国企业做产品，做渠道，依靠薄利多销让产值达到顶峰，却扰乱了市场秩序，做坏了行业。眼下，中国社会开始推动消费升级，促进供给侧改革，这为许多传统型企业提供了源源不断的内生动力，释放出巨大的发展潜力。

“10年前我们进入墙布领域，一直以传统模式运营，虽然在业界享有口碑，但老百姓依然不熟悉。如何才能让消费者都知道红旗的无缝墙布？如何才能让产品拥有更多附加值？唯一的办法，就是让红旗成为一个品牌！”

人人都说“恨铁不成钢”，而在绍兴柯桥，更有“恨布不成衣”的说法。这里历来就是纺织业发展重地，家家户户都有织布机，但缺乏技术依托，行业门槛很低。马列钢笑说绍兴是个没有品牌意识的城市，在经历了20世纪90年代制造业与21世纪互联网技术的蓬勃发展后，未来迎接我们的将是“品牌时代”。

在他看来，创品牌是造福子孙的伟业。品牌就像个孩子，哺育培养时需要家长付出很多时间和精力，还要有巨大的资金和技术支撑。“但孩子最终会长大成人，我相信只要坚持，红旗品牌定能在无缝墙布行业创出自己的一片天。”

马列钢告诉记者，浙江省内也有不少建材企业成功转型的案例。“在企业一年产值达2亿元的快速发展时期，他们从做渠道转向打品牌，减少门店数量，抓精客户。尽管短时间内销量会下跌，但品牌创造的效益为企业发展铺平了道路，转型之路值得我们借鉴学习。”

他表示，品牌能为产品提供更高的附加值，也是红旗布业下一步发展的关键词。“打造品牌是企业的战略目标，同时我们也会坚持为市场提供高性价比的产品，让好的墙布走进普通老百姓的家中。”

人才有所引，人才有所依

墙布能从小众市场走向大众市场，取决于墙布的三大特性：环保性、没有接缝以及中国特定的市场需求。近两年，新进入墙布领域的企业超过过去20年的总和，行业步入快速上升时期。如何才能在市场竞争中打好品牌战略，让行业更好发展？马列刚给出的答案是：人才。

“品牌战略注重研发，意味着我们必须掌握一些核心技术。而这些核心技术除了有大量设备要求外，更重要的是人才。”

马列钢告诉记者，2017年10月，红旗布业成立了自己的设计团队，尽管现在只有两人，但2018年，设计团队计划将突破10人，从外观设计到组织设计全员配备，成为红旗布业的核心团队。

“柯桥的大环境并不适合‘养’设计师，所以我们开始借助外力，与高校对接入驻创业园，2018年将展开合作。”

在马列钢看来，今天企业靠人才培养品牌，明天品牌就能养活企业。但人才有所引，人才也必须有所依。如何让企业引进的技术人才在柯桥长久生存发展，也是他作为企业掌舵者必须考虑的问题。“感谢政府部门对企业一路成长的支持帮扶，小微企业的发展还会遇到各类问题，也期待与政府共同探寻最佳路径。”

在马列钢心中，有三个美好愿景：未来，在全国开出500~1000家门店；走大健康产业之路，研发功能性墙布；保留华舍土地，建立无缝墙布博物馆。“在墙布这个迷你行业，我们是大公司。但在所有企业中，我们很小很小。墙面装修是个朝阳产业，我相信撸起袖子一定能干好。”他自信地说。

恒齿传动：
减速机行业的“加速者”

通讯员 白涛/文

创业悟语

我们始终聚焦客户关注，秉持热情、中正、务实、卓越的经营理念和质量第一的立业之本，全心全意为市场提供具有竞争力的减速机产品和解决方案。

——浙江恒齿传动机械有限公司董事长 郑上剑

样本意义

这是一个成长迅速的企业，仅仅用了三年时间，就成为行业的佼佼者。优质的产品、高效的服务、先进的管理和注重科研是其成功的奥妙所在。同时，它还紧跟国家发展形势和政策走向，积极涉足环保领域，牢牢占据着环保专用减速机市场的一席之地，致力于让天更蓝、水更清、山更绿、空气更新鲜，成为企业践行社会责任的范本。

三年的时间，转瞬即逝，但对于浙江恒齿传动机械有限公司来说，三年的时光却意味着很多。这个在2014年2月才成立的集减速机研发、制造和销售为一体的专业性企业，在成立的当年即达到了规模以上企业标准，通过了ISO9001　2008质量管理体系认证、GB/T28001—2011职业健康安全管理体系认证并获得高新技术企业称号。此后的三年多时间里，恒齿传动更是经历了飞跃式的发展，成为减速机行业的翘楚。对此，恒齿传动的董事长郑上剑却谦虚地表示：“我们还是这个行业里的小学生，还需要不断地学习和成长”。

以高质产品赢得市场口碑

浙江恒齿是一家致力于减速机设备的研制、开发和销售的企业，并为国内外各行业的机械传动提供专业化的设计方案。企业现有的主导产品涉及MTD、MTN、MTJ、MTP、MYH（MTB）等12种系列两万多种传动比产品，广泛应用于污水处理、环保设备、高精密制造、冶金矿山、印染纺织、起重运输、筑路机械、石油化工等领域。

对于如何能在短时间内迅速扩大市场占有率，郑上剑毫不犹豫地说了两个字——“质量”。据他介绍，企业从成立之初就坚持以质量为本，成立了科研团队和技术研发中心，每年坚持将上年度销售收入的4%作为当年的研发费用，配备了煤矿减速机试验台、JD45齿轮测量中心、MH-2090B龙门铣床、YK7236A数控蜗杆砂轮磨齿机等产品试制与检测设备，不断加大自有知识产权产品的研发力度。同时，大量招揽优秀人才，为他们提供良好的工作和生活环境，并将科研人员的收入与所开发产品的市场销售额和利润挂钩，进一步提高了他们潜心科研的积极性和创造性。目前，公司已拥有国家实用新型专利34项，发明专利2项，每年开发新产品5种以上，公司的技术研发中心被认定为浙江省省级企业技术中心。

在提升质量的同时，企业还十分注重品牌建设，已先后在欧盟和国内申请恒齿工和EVERGEAR品牌。尤其是EVERGEAR品牌，作为恒齿减速机的主打品牌，企业在打造上可谓煞费苦心。“我们所有的企业文化、VI上都印有EVERGEAR品牌LOGO，在《机械传动》《亚洲环保》《化工机械》《金属制品》等全国知名杂志上长期登载我们的品牌产品广告，在鳌江、瑞安两大动车站候车厅内显著位置常年展示EVERGEAR品牌宣传窗口，而且我们在2015年中国十大品牌网络投票中还荣获了全国减速机‘十大品牌’称号”。郑上剑说道。

高质量的产品供给逐渐赢得了市场的认可和肯定。企业的减速机产品先后在首钢曹妃甸、上海东方明珠、津京城际高铁（中国第一条城际铁路）、港珠澳大桥、立邦集团、中船集团、中粮集团、三一重工等大型配套单位和大型工程项目中得到广泛的使用，并配套出口加拿大、奥地利、巴西、东南亚等国家，市场竞争优势明显。

以优质的管理和服务彰显卓越

产品的售出不是终止，而是服务的开始。当前减速机行业企业众多，竞争激烈，提升服务质量是增强企业竞争力的重要方式之一。恒齿传动始终坚守“客户至上”的服务理念，为客户提供“保姆式”的服务。“我们始终把客户的购买和使用体验作为第一目标，努力提升客户对企业产品的信赖度和满意度”，郑上剑坚定地说道。目前，公司已先后在北京、上海、南京、杭州、西安、成都等全国13个一线城市设立了分支机构，全国各省均配备专职售后服务人员，保证近距离24小时内上门服务。同时，公司专门成立了质量信用体系领导办公室，负责定期收集在外售后人员在维修和服务过程中发现的问题，并制定相应计划，落实责任人负责后续质量工艺的改进。

值得一提的是，公司还外聘了华天谋公司进行内部6S，即现场管理规范化、日常工作部署化、物资摆放标识化、厂区管理整洁化、人员素养整齐化、安全管理常态化等的管理。同时，在做好6S的基础上，2017年，企业又实施了“精益战略”，成立了精益管理小组，进行“每周一改”，着力在管理链上找漏洞，在价值链上降成本，以点带面，全面管控经营风险，取得了显著成效。

秉持环保理念走高质量发展之路

在谈到未来企业发展愿景时，郑上剑眼里闪着亮光，“我们的目标是打造全中国减速机行业创新能力最强的企业，使EVERGEAR成为国内市场占有率最高的国内一线品牌”。同时，他也坦言：“企业近年来持续保持高速增长，订单源源不断，而生产加工能力和生产场所的制约已经严重阻碍了公司的长远发展。”为此，企业已开始谋划对厂房进行扩建，计划在平阳滨海新区征地40亩，投资11800万元，新建一处可年产10万台环保机械用减速机的全新厂房，以满足日益增长的市场需求。

“当前，国家层面提出要加快产业转型升级，发展绿色环保产业，我们传动行业也要紧跟政策步伐，履行企业应尽的社会责任，为助力环境改善尽一点绵薄之力。所以，研发生产环保专用减速机是我们今后一段时期的奋斗目标。”郑上剑说道。但同时他也坦言：“环保专用减速机从设计到制作是一个复杂的工艺，它是一种由多机种加工、采用一系列高新技术、尺寸精度要求高、高技术含量的产品，对我们而言既是机遇，也是挑战。”事实上，恒齿传动早已在环保领域产业进行布局，近两年公司的产品在污水处理、垃圾处理等产业得到广泛应用，特别是在污水处理领域，其产品在国内已是行业的佼佼者。

郑上剑告诉笔者：“如果日后扩建项目能够真正落地建成，我们将采用淬火渗碳和磨齿等工艺，引进卧式加工中心、数控磨齿机，购置立式加工中心、数控车床、内圆磨床、外圆磨床、锯床、滚齿机等生产设备，环保机械用减速机的生产能力将达到年产10万台，产品具有高精度、高传动效率、高的扭矩/体积比等优点，正常年份预计可新增销售收入25500万元、利润1299万元、销售税金1275万元。”

路格科技：
打造冷链系统的“奔腾芯”

记者 梅雪风 实习生 王燕/文

创业悟语

食品、医药品、农产品的安全是百姓关心的头等大事，我们路格科技要做的，就是让消费者了解产品从生产到运输的每一个细节，真正让百姓放心。

——杭州路格科技有限公司总经理 何望君

样本意义

有科技精神，有时代机遇，有业界良心，有合作胸怀，有远大抱负，有宏伟蓝图，这一切足以促使一家小微企业成长为受尊敬、有影响力的国际大企业。

如果用手机扫一扫二维码，就能知道医药或食品从生产到运输的每一环节，你还会对当下的医药和食品安全感到如此恐慌吗？冷链行业的监控漏洞常是消费者的一个“心病”。近年来，“疫苗事件”、生鲜配送温度失控等问题频出，而路格科技正是抓住国内冷链运输、仓储安全监管的问题导向，在中国创新创业的重镇杭州，对规范冷链产业布局下足了功夫，并开启了独特、严格的“监视模式”。

做供应链领域的“监视者”

路格科技成立于2009年，最早从事食品冷链领域的监测。公司发展稳定后，重心便逐渐转移到医药冷链监控领域。目前，国内许多知名企业和卫生机构与其合作，浙江省血液中心、台州疾控中心、华兰生物、华东医药、英特物流等都采用了路格的产品，顺丰的3000辆冷藏车也安装了路格的GPRS温/湿度监测系统。

路格科技是如何做到对温度精确监视的呢？通过在收纳盒大小的保温箱及冷藏车内部嵌入一个温度监测仪，系统可以实时监测药品运输过程中的温度变化，无线上传至统一的云平台，精度控制在0.2℃以内。

“一旦温度超标，系统会发出警报，客户也可通过网络随时查阅所有历史数据”，何望君介绍：“今后我们甚至可以做到，用户用手机扫一下疫苗产品或者是网购生鲜产品上的条码，就能掌握该产品供应链全流程的监测情况，这样才能让老百姓真正对食品安全放心。”

2016年的山东疫苗事件引发了社会各界对冷链运输、仓储安全监管的重视，路格科技也正是在那个时期一夜“爆红”。何望君回忆说，当时全国各地不少疾控中心、医药单位都打电话向他咨询具体产品和业务，“真是电话接得手发酸。”路格科技凭借多年的研发技术和成熟产品征服了省内10个县市的医疗卫生部门，并在那个时候正式承担起供应链领域“监视”的责任。

技术革新是“生存之道”

路格科技十分注重科技研发，对一家初出茅庐的企业来说，技术创新与开发能力是生存基础，也是其竞争力的重要因素。面对变化迅猛的市场和稍纵即逝的商机，如何走好科技创新之路，生产研发适合市场的产品，这是何望君一直在思考的。

何望君透露，公司现拥有几个十分强大的研发团队，科研人员数占到了公司员工总数的30%以上，但他仍坚持不懈到处发布“英雄帖”，重点招募研发与营销人员，想要更多高素质科技人才助力企业优化升级。

从最初单纯模仿国外的冷链温度监测技术，到现在，路格科技已研发了众多具有完全自主知识产权的高科技产品，申报了几十项技术专利及外形专利，2017年销售额实现3000多万元。何望君介绍说，现在路格科技的产品已能实现测量参数的选择，传感器的更换、加长、内外置，各类参数的监控系统，报警、打印、无线传播、远程监控附加功能等，未来还会有更多技术创新。2017年路格科技通过了ISO27001“信息安全管理体系”认证，获得浙江省小微企业成长之星等荣誉。

何望君说，目前，路格科技已是具备软、硬件自主研发能力的国家级高新技术企业，在业内也具有明显竞争优势，现其整体解决方案可以涵盖生产、仓储、运输、零售等各个环节。此外，未来路格科技的发展方向并非在硬件销售上，而是会逐渐转向设备维护和数据利用，基于这一点，企业的竞争优势非常明显。

“下一步要找准节奏，分阶段完成目标，遵循规律，实现路格从起步期、成长期到扩张期的顺利过渡，朝着成为一家受尊敬、有影响力的国际一流的物联网企业的目标迈进。”何望君和他的团队已蓄势待发。

冷链也有“沸腾的理想”

“路格科技正在打造一个医疗卫生冷链监测系统的运营样板，同时走出华东市场向全国辐射。”何望君透露，在深耕医疗卫生领域的冷链监测外，还会开发更多的行业应用场景，开拓更多领域的市场，并提供基于大数据分析的整体解决方案，包含系统运营、数据链维护、信息化管理等。比如，在智慧农业领域，路格科技可开发土壤、光照等监测，在家居环境领域也可以进行室内湿度、空气污染等实时监测。

“经历了山东疫苗事件后，大家对于冷链环节的监控意识更强了，这是一件好事，未来冷链产业的发展无可限量。”在何望君看来，“智慧冷链”这个行业门槛确实高，但不是高在技术，而是高在成本和良心，“目前这个行业发展举步维艰，但是我愿意协同同类企业发展，只有行业发展了，消费者才能提升监控意识，整个社会才会更健康。”何望君希望能以身作则，带动整个行业规范起来。

何望君说：“下一步，我们在继续做好医药领域的服务外，还将开拓食品、农产品的冷链监控市场。”

随着人们对生活品质要求的不断提高，以及生鲜配送行业的兴起，冷链监控将大有作为。路格科技还计划进一步扩大全国业务服务网点，并从硬件向提供整套服务提升，同时也希望与有资源优势的产业资本共同合作，借助资本的力量做强做大企业，加快打造业内领先的冷链物联网公司。前不久，路格科技中标的一个大单——山西省疾控系统3000台温度监测智能硬件全部交付客户。

毫无疑问，在市场化竞争下，路格科技面临的资金投入等一系列竞争压力并不小，但何望君说他之所以愿意坚持做下去，一是为了他的理想，二是为了未来广阔的市场。

“对于路格科技来说，2018年是至关重要的一年，这一年的发展决定着公司能否有飞跃性的突破。这个过程中最重要的是要找准节奏，像跑步一样管控和分配时间、资源、精力，分阶段完成目标，遵循规律，实现路格从起步期、成长期到扩张期的顺利过渡，朝着一家受尊敬、有影响力的大企业目标迈进。”何望君和他的路格科技已经撸起了袖子，准备大干一番。

炜驰机械：
智造中国最好的封罐机械

记者 安宇 文/摄

创业悟语

1999年我们注册成立公司，马云也在那一年创办了阿里巴巴。或许相比这些大企业，我们的发展步调略慢，但我认为稳扎稳打、一步一个脚印，才能让我们实现从基底到塔尖的辉煌。

——浙江炜驰轻工机械有限公司总经理 俞汉勇

样本意义

“一丝不苟，丝丝入扣，一台一套，更上一楼”，炜驰的质量方针浸润着工匠精神。他们坚守制造主业，投入大量资金研发新技术，要求每一件产品都做到精益求精。这种稳扎稳打的特质就是一个企业常青的基因。

7年前，国务院批准设立浙江舟山群岛新区。一个陆域面积不到1500平方公里的群岛，由此开启了全新的征程。

有人说，制造业是舟山赶超发展的引擎。历史蝶变中的舟山传统制造业，已从单一低层次的传统小企业，走向品类齐全的临港大工业。在舟山普陀浦西工业园区，一家专注食品机械设备制造的企业——浙江炜驰轻工机械有限公司，实现了从“制造”到“智造”的蝶变。

“党的十九大报告中提出‘加快建设制造强国，加快发展先进制造业’要求，这是炜驰机械作为传统企业必须要有的契合和担当，也是为推进舟山制造‘新版图’的一种情怀表达。”浙江炜驰轻工机械有限公司总经理俞汉勇说。

二十年，实现从基底到塔尖的辉煌

浙江炜驰轻工机械有限公司主要从事用马口铁、铝材、塑料及纸质材料包装的饮料（啤酒）、罐头、奶粉的易拉罐封罐机和自动灌装机，以及相配套产品的设计、制造。承接易拉罐饮料自动生产线、八宝粥易拉罐罐头、番茄酱罐装封罐生产线等项目的整条生产线交钥匙工程。如今，公司全面采用CAD、CAM进行产品设计，在国内的易拉罐封口机、易拉罐灌装机的食品机械设备制造领域，处于领先地位。

回首1999年，浙江炜驰轻工机械有限公司正式开启了制造业之路。

俞汉勇告诉记者，企业现有的四位股东是原国有企业——舟山柴油机厂（浙江食品机械厂）的领导，改制后成立了股份制公司。他们瞄准食品机械设备制造不是一时冲动，而是基于强劲的先发优势与核心技术。

经历了改制、搬迁，炜驰机械已从原来的小企业，发展成为现有厂区25000平方米、标准厂房18000多平方米、拥有专业技术水平的员工近百名、年产值达到6000万元的行业“隐形冠军”。

谈及一路走来的20年，俞汉勇很感慨。“1999年我们注册成立公司，马云也在那一年创办了阿里巴巴。或许相比这些大企业，我们的发展步调略慢，但我认为稳扎稳打、一步一个脚印，才让我们实现从基底到塔尖的辉煌。”

高质量发展需要创新和人才做支撑

在浙江炜驰轻工机械有限公司，“智造中国最好的封罐机械”几个大字展示着企业的文化精神。从“制造”到“智造”，表面是一字之差，但这一字之差却具有了更深远的意义：创新和转型。

“过去，我们都说科技是第一生产力，而在高质量发展的当下，必须辅以创新和人才支撑，才能在市场中抢夺主导权。”正如采访中俞汉勇所说的，每年的研发投入为企业注入了强大后劲，而不可或缺的高尖人才，才铸就今天的炜驰。

长久以来，舟山绝大多数企业都缺乏自主创新意识，只能制造一些低端、低附加值的产品，因而也很难抵御市场的风险和挑战。若想在激烈的市场竞争中争得一席之地，仅靠为他人作嫁衣显然不够，必须走出一条自主创新的道路。

作为国家级的高新技术企业、浙江省科技型企业、浙江省专利示范企业，如今的炜驰已拥有一批经验丰富的技术人员，同时外聘专业型人才，积极与国内一流专业研究所和知名高校进行交流合作，以提升自主研发水平，加速新品创新研制，推进产业快速发展。

细数炜驰机械获得的成就：23项实用新型专利和两项发明专利，在部分技术领域填补了国内行业空白；成功开发每小时24000罐、36000罐及48000罐的高速易拉罐灌装封罐机组和生产线，为行业壮大注入全新动力……

“我们已经实现同类进口设备国产化，使得企业食品饮料行业投资成本进一步降低，提高了企业的劳动生产率。”俞汉勇说。

记得在2017年浙江省两会上，浙江炜驰机械集团有限公司董事长董伟国就曾建议浙江加快建设一批省级制造业创新中心，重点加强对创新中心建设的硬件、资金、人才支持，同时联合高校和科研院所力量，构建“政、产、学、研、资、用”一体化格局。这样的发言，无疑彰显了企业在追求“创”与“质”齐发展中的决心。

精工之道打造企业内生竞争力

改革开放40年，中国走过了不平凡的路程，经济发展跨山越海，赢得了核裂变式的增长。如果说实体经济是民族经济的脊梁，那么企业家，就是民族经济发展的中坚力量。

如同无数从计划经济大潮中走出来的企业家一样，浙江炜驰轻工机械有限公司的四位股东怀抱初心拼杀市场，事实证明精工英雄是浙江制造崛起之道。总结经验，俞汉勇又重提起了“工匠精神”。

“以前我常说，炜驰是从计划经济走出来的企业，我们的工作习惯和做事方式也停留在‘计划经济’。虽然步子慢，但是稳妥。这些年，我们投入大量资金研发新技术，就是要求每一件产品都做到精益求精。把产品做完美，获得市场认可，企业自然能稳步走下去。”

这，既是炜驰的发展思路，也是成功经验。

“德国和日本的‘工匠精神’一直为全世界称道，如日本的小吃店，不扩大规模却把食物之美做到极致，就这样传承五六代人。反观国内，一些稍有名气的企业，基础还没打好就加快发展步调，跨行业经营，做投资。碰到不可预期的问题导致全盘崩溃，最终造成整个社会的资源浪费。”

都说“一流的企业做标准”，身为《全自动金属罐浓酱（浆）灌装封罐机通用技术条件》国家标准起草单位，今日的炜驰机械向我们诠释了工匠精神之于制造业的意义。这不仅是回归传统，更是把工匠精神注入了“中国制造”的血液中。

近几年，我国食品机械设备制造始终保持快速增长态势，随着消费升级以及商品经济繁荣，行业未来前景依旧广阔。

俞汉勇告诉记者，未来，炜驰会继续秉持“团结，求实，精益，创新”的企业精神和“一丝不苟，丝丝入扣，一台一套，更上一楼”的质量方针，维护和巩固好制造主业。同时不断创新并与国际接轨，实现“智造中国最好的封罐机械”的目标。

通驰油封：
小油封里的“田忌赛马”术

记者 夏燕 文/摄

创业悟语

现在我们基本上形成了一个当初建厂的设计格局：高档产品拼技术，中档产品拼质量，低档产品拼价格；内销产品拼品牌，OEM产品拼服务，外销产品拼专业。

——浙江通驰油封科技有限公司董事长 董波

样本意义

做“小而强”的企业。这是一家非常清晰自己发展之路的企业，它的“小而强”主要体现在借鉴世界先进技术，采用自主知识产权，生产出高质量的产品，做其他企业不会做、做不好的产品，争创高端自主品牌。

对很多人而言，“油封”这个词可能有些陌生，然而实际上，在生产和生活的不少地方，都能看到它的身影。简单地说，它就是一般密封件的习惯称谓，是一种在机器中用来防止流体（润滑油）从接缝（零件的接合面或转轴）溢出的装置零件。通驰所生产的油封，则专门用于汽车的各个零部件上。

掘金小油封

“接触这个行业已经有20多年了。”采访中，负责人董波表示。

1995年，从北京化工大学高分子橡塑专业毕业后，董波进入了一家台湾公司任职。那个时候，国内汽车零部件产业还是一块新兴市场，初出茅庐的董波对这个行业产生了浓厚的兴趣。1998年，在台湾公司得到充分的学习和锻炼之后，他开始在上海从事汽车油封的贸易业务，并正式创建了“通驰”品牌。

“做贸易需要去采购相关产品，渐渐地我发现，很难采购到一些性价比优良、技术质量一流的产品，当时就在想，为什么不自己去做？”他说。

创业的念头很快在脑海中产生。2008年，在业内积累了多年经验的董波开始在湖州南浔尝试组建工厂。筹备初期，缺人手、缺资金……各种各样的困难接踵而来，但所幸的是，他最终坚持了下来。

2014年3月，浙江通驰油封科技有限公司成立，专注于各种橡胶密封件、汽车油封的研发、制造和销售。经过4年的发展，目前已经成为集研发、设计、开模、配方、炼胶、预成型、表面处理、加硫、自动修整、自制液体橡胶、半自动丝印、单面辊涂、双面辊涂、检验、包装、出货为一体的科技型企业，也是国内少有的拥有国家批准的油封、O型环、汽缸垫多项生产许可证和TS16949于一体的高科技油封、密封垫生产企业。

“一般来说，凡是运转体箱内有液体润滑油而又与外部相连接的部位都需要油封。有些是橡胶的，有些是金属的，多数是钢骨橡胶的，如曲轴后油封、变速箱前后油封、左右半轴油封、主减速器前油封和空压机曲轴油封等。我们的生产重心是汽车油封。”董波说。

和别的企业不同，通驰油封多年来都遵循着“333制”的均衡发展理念。

“33%的产能供给通驰自有品牌的国内市场销售，现在已经完成了国内17个省级代理商的布局；33%的产能供给大型公司，做OEM配套，曾经服务过诸如上汽旗下公司等很多国内外公司；还有33%的产能用于开拓海外市场，供给出口。”他称。

去年，通驰的销售额突破了千万元，在他看来，今年的市场布局完成后，后期还会有更大的成长空间。

人无我有、人有我优

采访中，谈及企业“小而强”的秘诀，董波坦言离不开八个字：人无我有、人有我优。

“在早期做贴牌加工的年代，我就拜访过行业众多的企业，看到很多大而臃肿的企业由于管理、质量、资金链等问题陷入困境。因此，从组建工厂的第一天开始我就决定要做一家‘小而强’的公司。”他表示，这种“小而强”主要体现在借鉴世界先进技术，采用自主知识产权，生产出高质量的产品，做其他企业不会做、做不好的产品，争创高端自主品牌。

比如模具。采访中董波告诉记者，每种汽车油封产品的生产都需要相应的模具，而在通驰，所有的产品模具都由企业自主开发。

如今，在通驰的研发室里，摆满了各式各样的汽车油封。董波表示，这些都是从车上拆下来的原装零部件。

“别看油封的个头不大，种类却有很多，比如火花塞油封，一辆车上就可能有30多个品种。”他说，为了开发相应的生产模具，他们一般会先对原装件进行研究，再设计出相应的生产模具。

又比如材料。汽车油封生产中最普遍用到的一种材料就是橡胶，在很多人的印象中，橡胶往往具有强烈的刺激性气味，但在通驰的车间里，即便有大堆的橡胶摆在面前，也几乎闻不到什么异味。

“这是因为我们自主研发了一个橡胶的配方，能把异味减到最低。”董波称。

同样值得一提的还有企业的生产线。他表示，为了节省人工成本，提高产品质量，近年来企业陆续对生产线进行了自动化改造，眼下通过机器换人，生产效率有了明显的提高。

“目前我们已经拥有油封用磨具等发明专利3个，内燃机用油封等实用新型专利5个。”谈及企业技术创新的成绩单，董波的语气中充满自豪。

技术之外，还有人才。

记者了解到，在人才队伍建设上，通驰一直秉持着开放共赢的原则——企业现有职工40人左右，大专学历以上人员近20名，其中技术骨干8名，分别管理着不同的职能部门。为了鼓励人才发挥主观能动性，通驰还对表现优异的管理层开放了股权。

董波透露，眼下除了练好内功、立足国内市场，企业还依靠技术、管理、质量等优势，积极对接一些国内外大公司，通过评审、建立合作机制，为它们进行贴牌代工服务，通过高标准、高要求，进一步敦促自身转型升级。

近两年，通驰又开始积极参加国内外展会，主动对外展示自身的强势产品，并收获了属于自己的国外市场份额。

“现在我们基本上形成了一个当初建厂的设计格局：高档产品拼技术，中档产品拼质量，低档产品拼价格；内销产品拼品牌，OEM产品拼服务，外销产品拼专业。”董波说，这样一个拼技术、品质、专业、服务、品牌的格局，可谓奠定了通驰“小而强”的基础。

在他看来，未来20年，汽车油封的市场依然很大。

“虽然现在发展新能源车成为一种趋势，但在汽车补修市场，需求依然十分旺盛。而在工业生产领域内，油封的应用更是相当广泛。”董波说。

因此，企业接下来在不断完善自身优势产品的同时，还将大力开发一些附加值高的横向产品，以期在新起点上实现新飞跃。

西普力科技：
深耕细作小小密封件

记者 陈余玉 文/摄

创业悟语

干实事做小事，要竭尽全力把每件事做好。奋斗要脚踏实地，要时刻保持创新，把小事做精、做细、做好，才有可能做大事，才有机会拼出一片天地。

——浙江西普力密封科技有限公司总经理 奚为民

样本意义

制造领域创新，在于技术的更新和提升。西普力通过“钻研+创新”，高附加值产品的制作，雕琢出最精致的作品，最终赢得市场并冲破国际垄断，成为中国聚氨酯密封件的领军者。

奚为民的西普力密封科技有限公司成立于1996年，那时是家庭小作坊，场地不大、员工少、工序单一，但每年的收入也不错。

2008年，奚为民决定专心做液压气动密封件，当时，国内市场还是一片空白。虽然他学历不高，却具有很强的吃苦耐劳和刻苦钻研精神。经过多年的摸爬滚打，现在，公司聚氨酯密封件性能配方和工艺生产技术，与国外著名品牌密封件性对比有之而无不及，占据国内密封件行业一席之地，西普力科技成为中国聚氨酯密封件行业的一家领军企业。

创业当初，确立创建自主品牌的决心

奚为民是土生土长的三门人，他所在的三门县是个典型的橡胶之乡，几乎家家户户涉足橡胶行业。1996年，奚为民和妻子在家乡——革命老区亭旁镇，用几台土设备和十几平方小平房做来料加工。

创业初期，员工非常少，但大家非常敬业，许多事情奚为民亲力亲为，这也让他积累了不少的技术经验，为今后走技术型发展之路奠定了坚实的基础。

创业路总是充满荆棘，随着行业竞争加剧，市场越来越难做，作为一个家庭作坊式企业，受制于配套企业，随时都有被市场淘汰的风险。奚为民暗自下决心：“只有创立自己的‘拳头产品’，才能掌握市场主动权，才能迎接更多挑战，才能让企业更强大。”

随着工业高速发展与进步，工业生产自动化、智能化的要求不断提高，密封件得到各行各业广泛应用。当时，高端密封件制造是国际垄断的，技术主要由美国、德国企业主导。奚为民看到了机会，如果做成高端的密封件产品，相对竞争小，一旦做好，利润空间将会很大。

2008年，在品种众多的密封件中，奚为民选定了工程机械设备行业密封件作为研发产品。作为行业难度最大、最具代表性的产品，这类密封件在台州甚至国内几乎没有经验借鉴，他因此迎来转行后的最大挑战。

奚为民买来这方面的技术书籍，自己一步一步研究，并从国外购入样品，一个个解剖，对其工艺、技术和性能进行研究；反复尝试进行产品配方调试、生产、性能检测，再进行技术改进和攻关，整整三年几乎每天加班。

功夫不负有心人，奚为民的付出终于有了结果——掌握世界顶尖的聚氨酯密封件性能配方和工艺生产技术产品，开始投入生产，填补聚氨酯密封件在国内市场空白。当时生产的产品价位是美国、德国、日本产品的三分之一，价廉物美，同时在服务与售后方面为客户排忧解难，产品一面市就受到欢迎。

一名本来对中国制造没有信心的东南亚客商，抱着试试看的态度，买了西普力密封件产品试用，后来主动联系要求每年采购几十万元的产品。“试用后，才发现中国制造的产品不仅比美国、德国制造价格便宜，而且产品质量稳定性一点不亚于对方。”这位客商说道。

技术研发与设备升级并举

产品批量生产后，随之而来的大量需求并没让奚为民感到意外，因为当初他决定跨入这领域之时，就预料到强大的市场爆发力，看到自己花费多年心血研发的产品受到青睐时，他无疑是最为开心的人。

同时，奚为民清楚，要在市场中站稳脚跟，就必须加大研发力度。之后几年时间，他铆足劲儿投入新产品研发，一批批密封件新产品相继出炉。

2014年，公司一步步壮大，他又开始考虑如何使密封件产品由单一工程机械设备行业朝着工矿、农机设备等行业发展。同年，他又投身新一轮产品研发，坚持科技投入和管理提升的发展思路。

任何产品研发，离不开创新。制造领域创新，在于技术的更新和提升。由于密封件的特殊性，需要特制装备实现产品所需的精度和品质。更严峻的是，许多时候理论上已经达标，但实际效果不行，又得从头再来。稍不注意，一点小小的技术故障就可能造成产品精度不够，一旦这些情况出现，意味着前面的努力全都白费。

除了时间上的耗费，研发过程还伴随着高昂资金的投入。但奚为民的理念是，如果成果99分，宁愿重新归零。“既然选择这一行，就一定要坚持到底，一旦放弃，付出将前功尽弃。”奚为民说道。这些年，他始终将技术研发视为西普力发展的核心力，着力打造创新技术团队。目前该公司拥有研发人员20多人，其中技术研发人员10多人。仅密封件模具就多达15000多套、密封件性能配方100多项，满足各种不同工况和环境条件使用需求。

目前，团队已自主研发成功高端产品，打破长期被国际品牌垄断的局面，拥有自主知识产权30多项，荣获浙江省科技型中小企业、台州市高新技术企业称号。

智能制造实现产品升级

传统制造业如何通过创新驱动迈向智能制造，这是备受关注的问题。西普力不断加大科研力度，通过机器换人稳步推进自动化，实现产品升级。

目前，西普力正致力于橡塑密封原材料性能配方、密封件结构原理及模具等技术工艺研发、生产及应用，同时还拥有中国石化行业认证A级质量检验机构西普力密封科技检测中心。

走进西普力车间，生产线员工正按下设备开关，进料、出料都由机器自动完成。“以前一人要负责上料下料，劳动强度高，不注意就会发生事故。”奚为民说，西普力从国外引进这套全自动生产线，实现人机分离，操作更安全。“以前生产中因人的因素造成质量极不稳定，一旦出现问题，产品就要报废。设备全自动化升级后，再没有出现过质量事故。”西普力的产品都在同一个车间生产线上一气呵成，以保证产品质量的稳定性。机器换人降低车间用工需求，每件产品通过流水线进入检测区进行性能检测，确保出厂合格率达100%。设备引进当年销售额突破1000万元。此后，通过全面推进ERP和OA系统，实现人机信息一体化，实现工厂智能化制造，一直保持每年20%~40%增长率，综合实力有了明显的提升。“时刻保持创新，把小事做精、做细、做好，才有可能做大事，才有机会拼出一片天地。”奚为民说道。

博顿燃具：
做燃烧器行业的标准制订者

记者 柴丹 文/摄

创业悟语

三流企业卖产品，二流企业卖品牌，一流企业卖标准，虽然我们的产品只是一个小小的燃烧器，使用时没有多少人会注意它是不是名牌，来自哪里，但我们依然要通过自己的努力，积极参与各项标准的制定与修订，来掌握话语权，成为行业的领头羊。

——浙江博顿燃具科技有限公司董事长 徐宏远

样本意义

用20年的时间，博顿把一个小小的燃烧器做精做深，不仅获得了无数专利，更是参与制定国家家用燃气具旋塞阀的行业标准。通过质量与技术的匠心把控，成就了“隐形冠军”。

国家标准对燃烧器的要求是打4万次，而他们的产品可以做到打10万次，宁波鄞州这家叫作浙江博顿燃具科技有限公司的企业是如何做到的呢?

“80后”“创二代”接班

浙江博顿燃具科技有限公司现任董事长徐宏远生于20世纪80年代，可谓“含着金钥匙”出生，爷爷那辈就开始经营着家族企业。

初见“80后”的徐宏远，阳光、率性，比那《成长的烦恼》中的主角成熟很多。伴随着中国第一代民营企业家的老去，“创二代”甚至“创三代”们加快了接班的步伐，直接走向台前，徐宏远便是接班浪潮中的一员。

2009年，大学毕业四年的徐宏远，从爷爷的手上接过了宁波博宇燃气具有限公司。他虽然年轻，却对商机嗅觉敏锐，抓住机会就绝不放弃。在他的用心经营下，公司成绩单异常亮眼：销售额从3000万元增长至一个多亿，不仅完成公司产品集成方案的转型，新厂房也在今年落地。就在前不久，公司正式从原来的浙江博宇燃气具有限公司更名为浙江博顿燃具科技有限公司。目前，博顿燃具公司的新厂房位于宁波市鄞州区姜山镇芸江工业区内，占地面积11000平方米，建筑面积12000平方米，设有压铸、精工、装配等车间；拥有员工200余人，年产各类燃气旋塞阀550万套。

采访中，徐宏远告诉记者，刚开始独立担任董事长时还挺惶恐的，怕辜负了长辈的期望，被时代的浪冲走。“我参加各种各样的EMBA、培训班和创业营，把自己放在不同人群中。以前讲互联网的冲击，现在讲融合。”徐宏远表示，“我想要在大浪淘沙中留下来，并且做出成绩，这是我们这一代的责任。”

在质量上打造金字招牌

徐宏远的野心不仅是要不断扩充市场的份额，还要在产品质量上打造出金字招牌。2012年开始，徐宏远投入大量资金，从德国、意大利等国家进口设备，使得公司拥有从压铸锻压到五金数控加工，再到组装检测的贯穿产品生产及质量控制流程全线的先进设备，使公司产品质量在同行中处于领先地位。“国家标准对燃烧器的要求是打4万次，我们的产品可以做到打10万次。”他自豪地表示。

2012年，博顿燃具销售额达6000万元，利税达330万元，产品畅销海内外，其中内外销的比例为65%和35%，外销分别销往欧洲、美洲及大洋洲。同年，公司被认定为“鄞州区科技型企业”，2013年，又被认定为“宁波市科技型企业”，2014年，顺利通过高新技术企业的评定。

记者从博顿燃具一份最新的质量报告上看到：博顿现拥有意大利进口SALA超高精度数控车床及TWINS高精度气密性检测仪，还拥有德国MAHR圆柱度仪及20多台台湾六轴数控机床和高精度卧式数控车床。通过ISO9001质量体系认证，产品先后获得CSA及CE认证，并达到了符合欧洲环保标准要求的ROHS指令，同时已被评选为国家燃气用具家用燃气灶重要零部件A目录供应商，公司先后被浙江省燃气具协会、中国五金制品协会燃气具分会、国家燃气具质量监督检验中心分别纳为会员或理事单位。

徐宏远告诉记者，“目前国内知名的一线品牌如杭州的老板、德意以及安德、迅达等，博顿燃具都是它们重要零部件的合格供应商。”他说，“同时我们也是伊莱克斯、惠而浦、西门子等国际知名品牌的直接或间接供应商，2011年起，公司又参与制定了家用燃气具旋塞阀总成行业标准的制定工作，该标准于2012年8月1日起正式执行。”

向服务创新型制造方向发展

对于公司入选“小微企业成长之星”，徐宏远表示自豪并说这既是肯定也是鼓励。“我们企业未来的方向会做燃烧系统的集成供应，就是集燃气旋塞阀、燃烧器于一体，应该也是一个趋势。”他告诉记者。

徐宏远说，随着“互联网+”时代的到来，消费者需求更加多样化，燃气具产品的创新也在逐步从生产型创新向服务型创新迈进。“在创建服务型制造的前提下，企业的服务从生产后环节前置，在产品设计与研发之初就加强与消费者的互动，把直击消费者痛点、解决切实问题作为创新的出发点，通过质量的稳定、技术的提升、品牌的打造等一系列手段来满足消费者实用、方便、时尚三个方面的需求，最终实现消费体验的升级。”

同时他谈到，中国有数以亿计的家庭，倡导使用燃气具对改善环境有着巨大的社会意义，行业应大力发展高效节能技术，推广绿色制造技术，为降低PM2.5做出更大的贡献。

大冲能源：
中央空调节能领域的先行者

记者 安宇 通讯员 王尹希/文

创业悟语

在我们这一行，节能率提高了就意味着竞争力增强了，一切都是靠实力说话。

——浙江大冲能源科技有限公司总经理 姜干清

样本意义

“在室内空调能源降耗方面，一定需要先行者！”大冲能源以先行先试的果决与魄力，勇闯蓝海，向科技要实力，凭实力要行业话语权，逐一击败西门子等国内外大佬，成为名副其实的空调节能领域世界领军者。

“在我们这一行，节能率提高了就意味着竞争力增强了，一切都是靠实力说话。”杭州 G20峰会后，姜干清和他的公司——大冲能源在行业内声名鹊起，而姜的自信，则来自于他对自己产品技术竞争力的足够信心。

回首几年前，大冲能源还是一家名不见经传的环保节能制造企业，而印象中的姜干清只是一个埋头科研的技术男，事业始终不温不火。而当这位技术男将传统的空调节能手段与互联网大数据应用融合在一起时，它们间擦出了神奇的火花。

“跳槽”不易，创业亦不易

“‘跳槽’不易，创业亦不易。”这是浙江大冲能源科技有限公司总经理姜干清对曾经奋斗时光的感悟。从最初在尖端军事领域做课题搞研发，到自主创业踏上先进制造业之路，对于姜干清来说，这些年的创业经历，无疑为他的人生添上了颇具魅力的一笔。

姜干清是个地地道道的北京人。2002年，在浙江创新创业氛围的感染下，他辞去了北京稳定高薪的工作，虽然心有不安，但仍怀抱炽热的创业梦来到杭州。

刚开始创业时，姜干清将目光聚焦在传统空调节能技术应用上，通过软件对空调局部组件做简单的降耗调整。然而渐渐地他意识到，设备局部降耗这种“简单粗暴”的做法不仅没有明显提升空调的效率，反而可能使空调的能源消耗加大。

那是2008年，中央出台《关于加快发展节能服务业的指导意见》，伴随着中国国力的增长，各种公众场合、工矿企业大型空调设备安装已十分普及，节能降耗成为空调行业发展的主旋律。

“在室内空调能源降耗方面，一定需要先行者！”姜干清看中这片蓝海，决定立足整个设备系统，打造新的节能降耗方案，同时再把网络大数据融合到传统的空调节能技术应用当中。

好在姜干清天生是搞技术的料，又耐得住寂寞，坐得住冷板凳。2011年，在经过长期实践和探索后，姜干清开发的一套中央空调能源管理控制系统正式问世，此后不断升级。该体系日臻完善，对温度的调控几乎做到千里之外，收放自如。

姜干清现场给记者讲解了这套系统的基本运作原理，即运用先进的大数据节能技术，通过对监测点检测的实时数据进行统计，计算出最合适客户的节能方案。同时去掉不合理的能耗，使得总功耗与总需求达到最佳匹配值，最终达到节能目的。

杭州G20峰会背后的浙江制造

依靠计算机大数据技术的应用，姜干清改变了普通的节能方式，在空调能源控制系统领域进行了一些根本性的创新。

这一变化是令人欣喜的。“对于节能性来说，每升高一摄氏度，可降低10%的能耗，这样的控制既能满足舒适度的要求，又能大幅降低多余的能耗。通过我们这个庞大的智能化系统，空调的整体节能效果会非常明显。”姜干清说。

富于智慧又极具人性化的这一节能技术，也被姜干清巧妙地用于杭州G20峰会的招投标上。姜干清告诉记者，在制作大冲能源的标书时，他与团队事先做了详细调研。

“二十国峰会领导人来自不同国家，适应的气候条件不同，对温度、湿度的需求度也不同。为此，我们统计总结出不同国家在夏末初秋季节的气候变量，花了大量时间设计出了针对不同国家领导人的最科学的温控方案，最后将这套方案应用到了G20会场的空调节能系统中。”

除了在方案设计上采用独特的尖端技术——增加了对湿度及风向的控制标准外，大冲能源设计团队还充分考虑会场特点，不断试验改良，成功解决了场馆冷热不均的现象。此外在节能率的指标数据上，大冲能源运用在杭州国际博览中心的这套节能系统，节能效率高达26.2%，预计每年可以节省能源费用780万元，意味着平均每天就可以省下2万多元。对比其他的节能手段，具有绝对的优势。

亚洲最大的单体建筑——杭州G20国际博览中心中央空调节能系统项目，经过环保节能专家的严格评审，大冲能源最终击败了西门子、江森等国内外大佬，胜利夺标。而姜干清心里清楚，自己最终能拿下项目，正是凭借实力说话。

技术与市场齐头并进同发展

杭州G20峰会之后，姜干清和他的大冲能源更成为名副其实的空调节能领域世界领军者。因为拥有过硬的环保节能技术，订单纷至沓来，众多合作伙伴也主动找上门来，一些政府重点项目陆续被他揽入囊中。

这些年，姜干清又创造性地为客户度身定制了一套“能耗诊断-方案设计-设备安装-全程服务-融资租赁”等为一体的系统性节能解决方案，使企业零投入便可实现节能增效。“在环保节能领域，我们探索出了‘分享未来节能收益’的新型营销模式，用户单位不需承担项目实施的投入资金和技术风险，只需以节省的能源费用来支付节能项目全部成本。换句话说，就是用户省钱了，我们才有回报。”

细数大冲能源的节能改造项目，从中国华贸中心、北京远洋国际中心、阿里巴巴淘宝城项目，到北京航天飞行控制中心、杭州火车东站邮件转运站、巴贝集团工业化养蚕节能项目，2000多个合作项目覆盖酒店、医院、机场、工业等领域。特别是杭州萧山国际机场T3航站楼项目，运用大冲的技术一年就可节省能源消耗费用280万元，企业不到一年便收回了成本——大冲的每个项目，回收期都在一年左右。

数据显示，2017年大冲能源的市场销售额已达7000万元，2018年仅3月的订单额就达2000万元。在节能成为基本国策的今天，工业、建筑被列入节能减排重点行业，节能设备和产品市场正处于高速发展时期，相信未来，大冲能源一定能开拓出更大的市场，抢占行业制高点。

把握"一带一路"机遇

随着国家"一带一路"倡议的实施，节能服务行业迎来前所未有的发展机遇。这对始终以市场为导向，依托"国千"专家站堡垒，坚持产、学、研相结合的大冲能源来说，董事长姜干清信心满满。

"目前大冲能源的技能系统提出了全新的以中央空调整体COP寻优的控制理念，同时充分利用大数据分析控制技术、模型控制技术及模糊控制技术，甚至是脉冲控制技术，进行人工智能控制。" 姜干清表示，如今创新研发的系统已颠覆了之前中央空调节能行业传统的控制理念，更符合中央空调的复杂性、动态性和模糊性。"大冲能源中央空调系统的综合节能率，现在可以高达26%以上。"姜干清补充道。

那么，大冲能源又将如何把握"一带一路"的机遇？

"'一带一路'沿线地区经济发展方式相对粗放，生态环境相对脆弱，种种问题已成为'一带一路'沿线地区可持续发展的瓶颈。但同时也为当地开展绿色发展领域的经济技术交流、国际合作提供了难得的契机和广阔的市场，这给大冲能源带来了很大的机遇。"

在节能减排由工业独唱转向工业、建筑、公共机构等重大领域并重的大环境下，中央空调节能慢慢走向台前。因此，对中央空调的节能设计改造显得尤为重要。

浙江省机关事务管理局副处长张彬曾在接受媒体采访时表示，今后国家和各省市，对于节能服务公司，尤其是大型节能服务公司的支撑力度会越来越大。

据了解，目前大冲能源已经与"一带一路"沿线多个国家的相关节能机构达成合作意向，特别是2016年杭州G20峰会国际场馆项目的成功实施，为节能产业项目铸就了典范。

姜干清的心中还有一个小目标，就是2020年前能在创业板挂牌上市，迈出驶向环保节能蓝海的坚实一步。"企业要提升核心竞争力，充实创新发展的后劲，走向资本市场是必然。如今大冲正在积极创新科技体系，加大科研项目投入力度，力争成为引领中央空调节能产业跨越发展的中坚力量。"

后记

每出一本“典型促转型”，心里都如释重负，又欣喜莫名。

江山代有人才出。浙江省小微企业三年成长计划滚动推出后，一茬茬充满着生机活力的小微企业在浙江这块富饶的土地上茁壮成长。它们摇曳生姿，它们明眸善睐，它们蓄势着浙江的未来。我们总是满心期待着，希望在这些小微之星中能成长出下一个阿里巴巴，下一个正泰，下一个传化，下一个吉利……梦想总要有的，万一实现了呢？

《谁是下一个“独角兽”——浙江小微企业成长之星》是浙江省工商局组织编写的“典型促转型”系列丛书的第四本。与前三本相比，编辑体例上有继承，也有发展。

继承的是成书的模式。由浙江省工商局提供企业典型和相关素材，由市场导报社记者深入一线采访报道，再由市场导报社的编辑从中提炼样本意义。参与本书的市场导报社记者有何颖、安宇、柴丹、梅雪风、陈余玉、夏燕、陈彤等人。

发展的是细节上的突破。与前三本最大的区别是，本书取了一个新的主书名《谁是下一个独角兽》，这体现了浙江省小微企业三年成长计划工作领导小组、浙江省工商局，以及所有关注浙江小微企业成长的普罗大众的最大期盼。我们衷心呼唤这些小微之星能够进一步健康成长，进一步强壮有力。

在小微企业的分类上，我们也别出心裁。去年我们用浙江省委书记车俊的“论英雄”思维进行分门别类；今年，我们用“小而新”“小而精”“小而美”“小而洋”“小而强”这五个类别进行阐述，把小微企业之星的成长特点精准地概括出来。

本书还有一个进步是，我们也学着“走出去”，聘请社会上的美术编辑，对整本书的封面、版样进行精心设计、勾画。悦读时代、审美时代，我们的书也要与时俱进。

当我们还沉浸在2017年浙江小微之星的耀眼星光中时，新一轮的小微之星也将呼之欲出。

下一批小微之星将呈现何等的妖娆丰姿呢？我们拭目以待。

最后，感谢所有关心浙江小微企业成长的人。

编者

2018年7月

图书在版编目（CIP）数据

谁是下一个“独角兽”：浙江小微企业成长之星 /《典型促转型》丛书编辑部主编. --北京：中国市场出版社--2018.10

（《典型促转型》系列丛书）

ISBN 978-7-5092-1717-7

Ⅰ.①谁… Ⅱ.①典… Ⅲ.①中小企业—企业成长—研究—浙江 Ⅳ.①F279.243

中国版本图书馆CIP数据核字(2018)第201154号

谁是下一个“独角兽”——浙江小微企业成长之星

SHUI SHI XIAYIGE “DUJIAOSHOU” ——ZHEJIANG XIAO-WEI QIYE CHENGZHANG ZHI XING

主　　编：“典型促转型”丛书编辑部
责任编辑：张再青
装帧设计：林智广告
出版发行：中国市场出版社
社　　址：北京市西城区月坛北小街2号院3号楼（100837）
电　　话：（010）68024335/68034118/68021338/68022950
经　　销：新华书店
印　　刷：浙江国广彩印有限公司
规　　格：170mm × 250mm　　16开本
印　　张：16.5　　**字　　数：**192千字
版　　次：2018年10月第1版　**印　　次：**2018年10月第1次印刷
书　　号：ISBN 978-7-5092-1717-7
定　　价：68.00元
